ラーメン
女王への

アイドルから

JN070192

梅澤愛優香
UMEZAWA
MAYUKA

さくら舎

3

1

4

2

扉｜2020年、北鎌倉に開いたつけ麺屋「中華蕎麦 沙羅善《さらぜん》」。
味に加え見た目の美しさにもこだわり、試行錯誤を重ねた。

1｜沙羅善の厨房は、カウンター席から見えるようになっており、食事を待つ過程も楽しめる。

2｜小麦が香る、潤いたっぷりのごん太ムチムチの自家製麺。小麦粉はオリジナルブレンドで、製粉会社からの提案で「沙羅善専用粉」の製造も決まった。

3、4｜来店して食事をし、店をあとにするまでが、ひとつながりの素敵な体験となるように。沙羅善は古都鎌倉という地でゆったりと落ち着いたひとときを過ごせるように内装・外装を意識した。

ラーメンをとおして、さまざまな交流の輪が広がった。漫画『ラーメン大好き小泉さん』の作者・鳴見なる先生が、本書の刊行を記念して描きおろした、漫画の主人公・小泉さん（左）と著者（右）のコラボイラスト。

プロローグ

この本を手に取ってくださいまして、ありがとうございます。ラーメン屋「麺匠八雲《めんしょうやぐも》」とつけ麺屋「中華蕎麦 沙羅善《さらぜん》」の店主をしております、梅澤愛優香《うめざわまゆか》と申します。

私は現在24歳ですが、20歳のときに開業したはじめてのラーメン屋「麺匠八雲」大和《やまと》店と、続けて21歳で開いた「麺匠八雲」本店、さらに23歳で開いたつけ麺屋「沙羅善」のあわせて3店舗を経営しています。

じつは私は高校3年生のときに、AKB48のアルバイトメンバーである「バイトAKB」のオーディションに合格し、アイドルとしてステージに立っていました。

なぜ、元アイドルが、まったく畑ちがいのラーメン屋をわずか20歳で開業できたのでしょうか？　しかも経営は好調で、次々と経営店舗は増えていきました。一体どうすればそんなことが可能になったのか？　何か秘訣があるのか、あるいは裏になんらかの力が働いているのか……？

また、これらの店舗は、２０２０年の新型コロナウイルス感染拡大の影響を受けて一時は休業もしましたが、いまではまた行列のできる繁盛ぶりを取り戻しました。飲食店が軒並み苦境に立たされている現在、なぜ、私の経営する店舗はお客様から支持を受けることができているのか？

ラーメン店経営者として、これまでさまざまなメディアから取材を受ける機会がありましたが、こうした疑問をいつもいただいてきました。毎回真摯《しんし》にお答えしてきたのですが、メディアでは字数や時間に制限もあるため、伝えきれないところがたくさんありました。そんななか、この本では自分の言葉でこれまでの私についてをお伝えして、これらの疑問にお答えできればと思っています。

また、アイドル活動やラーメン屋の開業・経営をとおして、私はたくさんの学びを得てきました。本という形にすることで、私が得たものを少しでも読者の皆様にお届けし、何かしら少しでもプラスにしていただけたらいいなと思っております。

そして、私の店、麺匠八雲や沙羅善に興味をもっていただき、いずれはできましたら店に足を運んでラーメンを口にしていただけたら、こんなにうれしいことはありません。
どうぞ最後のページまで、お付き合いいただけますと幸いです。

梅澤愛優香

目次●ラーメン女王への道——アイドルから店主への創業奮闘記

第2章　ラーメン沼にハマる

第3章　ラーメン屋、始めます！

第4章　店主は20歳、「八雲」立つ！

第5章　22歳で多店舗経営！　快進撃の裏側で

第6章 誹謗中傷との闘い

第7章　新しい挑戦、つけ麺の世界へ

第8章　どんなときも、高く上を見て

ラーメン女王への道

——アイドルから店主への創業奮闘記

第1章

ラーメン大好きアイドル

バイトでアイドルになる⁉

「バイトでＡＫＢをやってくれる人を募集します」

テレビＣＭから聞こえてきたその言葉に、耳を奪われました。２０１４年の夏、当時ＡＫＢ48の人気トップ7だったメンバー7人、通称「神7《かみセブン》」がずらりと並んだ記者会見風のＣＭ。テレビ画面のセンターにいたのは、まゆゆこと渡辺麻友《わたなべまゆ》さんでした。まわりを固めるのは指原莉乃《さしはらりの》さん、柏木由紀《かしわぎゆき》さん、松井珠理奈《まついじゅりな》さん、松井玲奈《まついれな》さん、山本彩《やまもとさやか》さん、島崎遥香《しまざきはるか》さんです。

「アルバイトでアイドルをやるということです」

「詳しくはバイトルで！」

まばゆいばかりにかわいい神7が次々と情報を言い、あっという間にＣＭは終わってしまいました。

アルバイトでＡＫＢ……ということはつまり、ＡＫＢ48の新メンバー募集⁉　でも、「アルバイトでやる」ってどういうこと？

インターネットで検索してみると、先ほどのＣＭは求人情報サイト「バイトル」とＡＫＢ48グループのコラボ企画で、時給１０００円でＡＫＢのアルバイトメンバーを募集するというものだとわかりました。企画概要を見てみると、勤務地は「東京都千代田区（最寄駅：秋葉原《あきはばら》駅）他」となっています。「それって、どう考えてもＡＫＢ48劇場のことじゃ……？」と考えつつ読んでいきます。

応募資格があるのは「中学生以上で都内に通える女性」だったので、神奈川県在住の17歳だった私も要件を満たしていました。翌２０１５年の２月末日まで、と契約期間が短いのが気にかかりましたが、「その後、３か月契約更新」とも書いてあったので、たぶん希望すれば続けて契約できるということだろうと解釈しました。

このとき、私は公立高校の３年生。部活は料理研究部で、趣味はラーメンの食べ歩き。アルバイトはスーパーの惣菜《そうざい》調理。食べることと料理が大好きだから、高校卒業後は調理系の専門学校に進もうと考えていたふつうの女の子でした。

そして何より、ＡＫＢ48の大ファンでした。私が中学校に上がった２００９年がちょうどＡＫＢ48の第1回選抜総選挙があった年で、私の中学生時代とＡＫＢ48の人気絶頂の時期が重なっていて、もうすっかり夢中だったんです。歌を歌えたのはもちろん、ダンスも覚えて踊っていましたし、総選挙の順位の上から16人全員の名前も言えました。ＡＫＢは衣装もかわいいし、メンバーみんなそれぞれによさがあって、いろいろな個性のメンバーがそれぞれにキラキラと輝いているところがたまらなくて、いつも元気をもらっていて、一言でいうと大ファンでした。

ふたつ歳上の姉も大ファンだったので、姉妹そろって握手会に行ったこともありました。でも、このＣＭが流れるまでは「アイドルになりたい」とは思っていませんでした。

「ＡＫＢが好きなら、アイドルを目指せばいいのに」

そんなことを言ってくる人もいましたけれど、アイドルを見て憧れるのと自分がアイドルをやるのって全然ちがいますし、ＡＫＢ48のファンだったぶん、その選抜過程の過酷さも知っていましたから、簡単に「アイドルになりたい」なんて思えなかったんです。

でも、ＡＫＢファン仲間でもある姉に「まゆかもバイトＡＫＢ、受けてみなよ」とよく勧められていたら、いつの間にか「おもしろいかも」と思うようになっていました。

高校最後の夏。進路がはっきり決まる前に、ちょっと思い切って冒険してみたい気分だったのかもしれません。それに「もしかして受かったら、ＡＫＢのメンバーさんに会えるかも……！」という期待もありました。

一番の憧れの的だった「まりこ様」こと篠田麻里子《しのだまりこ》さんは、前年の2013年にグループを卒業していました。でも、もしバイトAKBに受かったら、いつか、まりこ様と会えるかもしれない！　ほかのメンバーさんとだって、仲良くなれるかも……!!!

こうしてバイトAKBの書類審査に応募した私は、応募総数1万3246人の中から、なんと合格！　そして次のステップ、一次面接へと進むことができたのでした。

倍率250倍のオーディション

書類審査の次に待っていた関門は、渋谷で行われた一次面接。付き添いに、書類審査合格を私本人よりも喜んでくれた2歳上の姉がついて来てくれました。

この面接は、「え？」と思うくらい早く、すぐに合格を言い渡されました。そして合格者だけがもらえる説明書類を手にした私は、あまり実感もわかないまま面接会場をあとにして、姉との待ち合わせ場所に向かいました。

SHIBUYA109の前で待っていてくれた姉は、私が書類を持っているのを目にしたとたん、合格を察して喜びの悲鳴をあげました。

「キョアー!!」

たぶん、うれしすぎて「キャー！」と「やったー！」が混じったんだと思いますが、突然響き渡った奇声にまわりの人がギョッとしていたのを覚えています。

姉はそのまま号泣してしまい、私はあわてて駆け寄って「受かったよ」と報告しつつ、泣きじゃくる姉をなだめました。

そしてこの面接の1週間後には、早くも最終審査が待っていました。この審査で、私は一芸披露《いちげいひろう》の際にSKE48の「美しい稲妻」という曲を歌うことにしました。カラオケに行って猛特訓を重ね、付き合ってくれた友だちには「ここはもっと感情込めて！」などと熱血指導をしてもらって、準備は万端でした。

最終審査当日、審査会場。秋元康《あきもとやすし》さんをはじめ、偉い人たちがずらりと並んで座っている前に、ここまで勝ち進んできた候補者たちが順番に呼ばれます。

ついに私の番が来ました。緊張を抑え、指定の位置に立ちます。

「○番の梅澤愛優香です、『美しい稲妻』を歌います」

音楽が流れ、思いのたけを込めて歌い始めると、練習の成果もあっていい調子。

「よーし、このまま……！」

サビに入ろうとしたところで、なんとまさかの音楽がストップ！

すぐに質疑応答が始まってしまいました。某歌番組だったら途中退場な展開に一瞬へこたれそうになりましたが、そういうわけにもいきません。

「時間の関係だろう、仕方ない！」

と思い、なんとか気を取り直しました。実際、最終審査の参加者は53人もいたので、審査はほぼ一日がかりの長丁場《ながちょうば》でした。

すべての審査が終わり、参加者が待機用の部屋に番号順に座って待っていると、スタッフのひとりが入ってきて言いました。

「いまから合格者を発表します」

部屋の前のほうに座っている女の子たちが、端から順に全員呼ばれていきます。私は受付番号が遅めだったので、うしろのほうの席に座っていました。

「あれ、もしこれで私ひとりだけ呼ばれなかったらどうしよう……」

内心不安でいっぱいでしたが、無事、私の名前も呼ばれました！

結局最終審査に残った53人全員が名前を呼ばれて、全員合格だったんです。

受かったときは、ふしぎな気持ちでした。

「えっ本当かな？」

「明日から私、どうなるのかな」

「友だちになんて言おう」

いろいろな考えが次々にわいてきて、なんだかふわふわしたまま保護者が待機しているスペースに移動しました。もう保護者たちにはスタッフさんから「全員合格」と伝えられていたようで、抱き合って喜んでいる親子がいたり、「おめでとう！」という声があちこちから聞こえてきたりとにぎやかです。

私も待っていてくれた母と姉のところに行ったのですが、姉はもうボロボロに泣き崩れていました。

「妹がアイドルだ〜……！」

そう言って泣きじゃくる姉に「うん、がんばったよ」と答えているうちに、私にもやっと合格した実感と喜びがじわじわとわいてきました。

「アイドルになれるんだ、ＡＫＢのメンバーさんに会えるんだ！」

バイトＡＫＢという、ＡＫＢ48の正規メンバーではないアルバイトメンバーになったことや、契約期間が「平成27年２月末日まで、その後、３か月契約更新」と短期であったことは、このときは正直そこまで深く考えていませんでした。ただただ憧れの存在に近づけたことがうれしくて、「がんばれば、私も正規メンバーになれるのかもしれない！」と思っていたんです。

「一生懸命がんばれば夢は叶《かな》う。キラキラした世界に入れば、私も輝ける」

そんなふうに純粋に信じていました。

仕事は自分で取りに行く

バイトAKBに合格内定したうち、実際に活動したメンバーは50人でした。50人。学校の1クラスにも収まらない、けっこうな大人数です。

オーディションに受かる前は「人前で踊るのは恥ずかしいな」なんて思っていましたが、いざ受かると「私はアイドルなんだ」というスイッチが入って、恥ずかしさはふしぎと消えていました。仕事としてやるからには、ちゃんとやりたいと思ったんです。

ダンスのレッスンでプロのダンサーさんに見てもらうときも、ただ教えてもらうのではなく、自分をアピールして「この子は見所《みどころ》があるぞ」と目にとめてもらえるように、仕事に選んでもらえるようにと必死に踊りました。何しろメンバーが50人もいるので、恥ずかしがってもじもじしていたら、そのまま埋もれてしまいますから。

「自分から仕事を取りに行かないと」

そう思って日々がんばり、「この曲覚えて」とDVDを渡されたら、家に帰ってすぐにリビングのテレビで再生して、どんどん踊って覚えました。バイトAKBに受かるまでは、学校の体育の授業以外ではダンスを習った経験はありませんでしたが、もともとテレビで大好きなメンバーさんたちが踊るのを見ながらいっしょに踊るのが好きだったので、DVDを見て振付を覚えることには苦労は感じませんでした。

バイトAKBに任された主な仕事は、単発のイベント系の仕事のほかは、AKB劇場でのライブで、正規メンバーさんのバックダンサーや前座《ぜんざ》を務める仕事でした。そしてこのバックダンサーの仕事も、ただじっと待っていれば回ってくるわけではありませんでした。

合格して3週間目くらいに、バイトAKB50人全員でのダンスレッスンがありました。そのときに正規メンバーの振付をするような偉い方がいらしていて、ひととおりレッスンを見学したあとにメンバーの名前を6人だけ呼んで、「いま呼んだ人、○日の劇場公演に出てください」と言ったんです。呼ばれた子たちも、「まさか」という感じでびっくりしていました。しかも、踊りがあまり得意じゃない子も選ばれていたので、踊りの上手い下手だけが選別の基準じゃないとわかるセレクトでした。たぶん表情とか、一生懸命さとかも基準に入っているんだろうなとわかって、私を含む呼ばれなかった子たちもレッスンにますます真剣になりました。

「もっとがんばろう、私も選んでもらおう！」

そのあと、私もバックダンサーの仕事を多くもらうことができました。

劇場公演の前座もやらせてもらいました。前座は正規メンバーの出演の前にステージに出て、踊って歌ってお客様を盛り上げてから「このあと本番が始まりまーす、バイバイ！」とあいさつして終了、という役割です。そのまま劇場に残って正規のメンバーさんの出番を見させてもらえたら、とちょっと期待していたのですが、それは叶わず、盛り上がる会場をあとにして帰らなければいけないのがいちファンとしては悲しいところでした。

劇場で着る衣装は、正規メンバーの方々のお下がりでした。スタッフさんがサイズが合う衣装を選んで渡してくれるのですが、タグのところに前に着ていた方の名前が書いてあったんです！

毎回ワクワクとタグをチェックしては「わ〜、あの人が着た衣装を着られるんだ……！」とファン気分で喜んでいました。

着替える場所は正規のメンバーさんと同じ楽屋で、「大島優子《おおしまゆうこ》」などメンバーさんの名札がついたロッカーがある場所で着替えていました。大島さんは2014年の6月にすでに卒業されていたのですが、大島さんのあとにそのロッカーを使っていた方が名札を外さなかったみたいで、そのまま残っていたんです。私も同じ立場だったら、もったいなくてとても外せません。

楽屋は正規のメンバーさんのための部屋でしたから、バイトAKBは急いで着替えてメンバーさんのために場所を空けなければいけません。大島さんの名札に興奮したくても、「見て見て、ここに大島さんの名札があるよ〜！」なんて騒いでいる暇はありませんでした。楽屋で着替えだけをすませたら、すぐに舞台裏の狭い暗いスペースに移動して待機です。パイプ椅子に座って、暗い中で手鏡を見ながらメイクをしたり、髪を整えたり。プロのメイクさんの手が空いていたらバイトAKBのヘアメイクもしてもらえましたが、基本は自分たちでやっていました。狭いし暗いしでなかなか大変でしたが、バイトAKB同士はみんな仲良しだったので、和気あいあいとした楽しい雰囲気でした。

髪といえば、バイトAKBでは巻き髪やアップは禁止で、「ストレートにしておろすように」と言われていました。アイドルというとふわふわっとした華やかな髪型をイメージしていたので「最初はしょうがない」と我慢しました。

はじめての私のファン

バイトＡＫＢに任される仕事では、自分の名前を名乗れるものはあまりありませんでした。だから、もし私個人に興味をもってくださった方がいて、「あの子はなんていう名前なのかな」と思ってくださったとしても、バイトＡＫＢのメンバー紹介用ＨＰから探すか、あとは単発のイベントの仕事で立っているときに直接声をかけて名前を聞いていただかないと名前はわからなかったと思います。

活動中はＳＮＳは禁止でしたから、自分から積極的に情報を発信したり、ＡＫＢ劇場に来ているお客様に働きかけたりすることはできませんでした。当時はいただいた仕事を精一杯やるだけで必死だったので、仕事をいただけるだけで満足していましたが、それでもお客様とお話しする機会がないことは少し残念に思っていました。

そんなとき、ＴＯＫＹＯ ＤＯＭＥ ＣＩＴＹ ＨＡＬＬで行われた「第4回ＡＫＢ48紅白対抗歌合戦」の会場そばで、予約受付中だったDVDの宣伝をするという仕事があったんです。ＤＶＤ販促用のプラカードやボードを持って、バイトＡＫＢの定番だった赤いＴシャツに白いミニのプリーツスカートを穿《は》いた上にダウンコートを羽織った格好で、紅白対抗歌合戦を見に来てくださった方に「ＤＶＤの予約をお願いしまーす！」と呼びかける仕事でした。

真冬で凄く寒かったのですが、お客様とお話しできる貴重な機会。直接言葉を交わせるのがうれしくて一生懸命声を出していました。

そうやって立っていると、お客様から「君かわいいね、名前はなんていうの？」なんて声をかけてもらえたんです。そんなふうに言ってもらえてうれしくて、ここぞとばかりに「梅澤愛優香です、よろしくお願いします！」と張り切ってアピールしていました。

そうしたら、そのときのお客様が私を応援するためのTwitterアカウントをつくってくださったんです！

「梅澤愛優香を応援しています」みたいなアカウント名で、アイコンも私の写真にしてくれて……「私のことを見てくれて、応援してくれている人がいるんだ」と幸せな気持ちになりました。

そのアカウントは、たぶんもうないと思いますが、なかなか積極的に働きかけることができないなかでも私個人のファンになってくれた人がいたことは、私にとって忘れられない思い出です。

「私にもファンがいるんだ」

そう思うだけで勇気をもらえました。

また、アイドル活動中、私は自己PRの機会があればすかさず「ラーメンが大好きです！」とアピールしていました。じつは私は、物心ついたころからラーメンが大好きだったんです。バイトAKBのメンバー紹介用ホームページに載せるプロフィール用に何か書いて、とボードを渡されたときも、私はボードいっぱいにバーンと書きました。

「ラーメン大好き！」

そのボードは実際にホームページに載ったので、バイトAKBに興味をもってくれた方には「梅ちゃん＝ラーメン」という図式ができていたかなと思います。

「好きなものを書いてください」と言われたときも、すかさず「ラーメン」と書いた記憶があります。

「とにかく食べること、なかでもラーメンが大好きです。ゲテモノ料理を食べる、とかはちょっと厳しいですが、それ以外ならなんでもやりますのでよろしくお願いします！」

あわよくばラーメン関係のお仕事がもらえないかな、という気持ちでラーメン好きをアピールしていたのですが、こうしてアピールしていたおかげでラーメン屋さんの宣伝イベントの仕事を回していただけたこともありました。「自分が好きなことを積極的に発信するのは大事だな」とそのとき実感しました。

そして、「そんなにラーメンが好きなら、知り合いにこんな人がいるよ」とアイドル仲間が紹介してくれた人がふたりいて、そのふたりがのちに私がラーメン屋を開業する際のキーパーソンとなったのですが……そのことについては第3章でご紹介します。

裏から見ても、「本物」は凄かった！

バイトAKBの活動では、仕事はもちろん、ダンスのレッスンでも時給と交通費が発生するのはありがたいことでした。ただ、レッスンは自由参加のものもあって、その場合は時給や交通費は出ませんでした。ひとつの曲の最初のレッスンは全員参加なのですが、2回目以降は自由参加。交通費は自己負担で参加しなければなりません。でも、みんなやる気をアピールしたいので、自由参加であっても基本的にはほぼ全員が参加していました。

レッスンはいつも楽しいものでした。メンバー同士はライバルでしたが、同じ夢をもった仲間でもあるので仲良しだったんです。10代前半の中学生から20代半ばの主婦までとメンバーの年齢層が幅広かったので、近い年齢同士が集まってグループをつくって、その中でキャッキャと仲良くしていた感じでした。

レッスンの場所は、お台場《だいば》など東京のスタジオがほとんどでした。平日に参加する場合は、神奈川県在住で県立高校の３年生だった私は、午後の授業を早退しないと間に合いません。平日にバックダンサーや前座の仕事がある日も、18時からの劇場公演に間に合うように移動する必要があったので、やっぱり午後の授業は早退させてもらっていました。

バイトＡＫＢのメンバーは学生が中心でしたから、仕事は基本的には土日が中心になるよう配慮してもらえたのですが、それでも多いときだと週に３日くらいは平日の仕事もあったんです。

学校とアイドル活動の両立は大変でしたが、先生方は「がんばりなさい」と応援してくれました。公立高校だったので「レポートを提出すれば出席にカウントしてもらえる」といった特別な措置はなかったのですが、早退が続いても理解してくださって、アイドル活動を全面的に応援するスタンスでいてくださったのはとてもありがたく思っていました。

ＡＫＢ48の正規メンバーさんとご一緒する仕事では、厳しく言われていたことがありました。

「ファンの気持ちのまま仕事をしないように。ファンとしての気持ちはなくして、あくまで自分も1人のメンバーとして仕事をしなさい」

また、バイトＡＫＢ共通のルールのひとつには、こんなものもありました。

「正規のメンバーと目を合わせたり、自分から話しかけたりしてはいけない」

これもおそらく、「ファン気分を仕事に持ち込んではいけない」という意図からできたルールだったんだと思います。

私がバイトＡＫＢとして活動した２０１４年10月から２０１５年2月、ＡＫＢ48の主力メンバーは高橋《たかはし》みなみさん、渡辺麻友さん、指原莉乃さんたちでした。昔から憧れていた篠田麻里子さんは２０１３年に卒業されていたので、活動されている姿を間近で見ることは叶わなかったんです。

ですが、こんな凄い出来事もありました。

私がバイトＡＫＢになれたことを私本人よりも喜んでくれた2歳上の姉は、このころ、専門学校に通っていました。そこで知り合って仲良くなった友だちが、なんと川栄李奈《かわえいりな》さんのお友だちだったんです。

川栄さんは、この年のＡＫＢ48選抜総選挙で上位16位にランクイン、シングルＣＤ選抜入りを果たした人気メンバーでした。姉から「友だちに頼んでおいたよ、『もし川栄さんに会ったら妹のことをよろしく伝えてね』って」と聞いていたので、「もし劇場でご一緒できたら、川栄さんと個人的にお話しできるかも……！」と期待はしていました。

でも、人気があるメンバーさんは多忙なので、なかなか劇場公演には出られないのが常。「たぶん、私がご一緒する機会は来ないだろうな」とあきらめていました。ところが、たまたま私がバックダンサーを務める日と川栄さんが劇場に出演するときが重なったことがあったんです。

その日、私はバックダンサーに加えて「影ナレ」も担当する日でした。影ナレーション、略して影ナレとは、舞台裏などお客様から見えない「影」から行うナレーション、アナウンスのこと。影ナレ担当のときは、劇場公演が始まる前に「間もなく始まります」などとお知らせ事項のアナウンスをさせてもらえるうえに、アナウンスの最後に「以上、〇〇でした！」といったふうに自分の名前を名乗ってＯＫでした。

バイトAKBの活動期間中は、影ナレの担当は大体バイトAKBにまわしてもらえました。やっぱりバイトは名前を言える機会自体が少なかったので、なるべくまわして言わせてあげようと気遣ってもらえていたみたいです。

それでもときには有名なメンバーさんが影ナレを担当することもあったのですが、人気のある方が名前を言うと、会場が「いまのは○○ちゃんの影ナレだったんだ！」とどよめくんですよ。熱烈なファンが多いメンバーさんが担当したときは、影ナレが始まったとたんにすかさず「○○ちゃーん！」と客席から声があがっていました。熱いファンの方は、自分が推しているメンバーなら名前を言わなくても声だけですぐにわかるんですね。

私もせっかく影ナレ担当になったからには、しっかりアナウンスをして会場の方々に名前を覚えていただきたいところだったのですが……本番直前、私はガチガチに緊張していました。

「私がしゃべってもいいのかな、ちゃんとしゃべれるかな」

なんて不安でいっぱいになってしまい泣きそうになっていると、なんと川栄さんがやって来て、私に話しかけてくれたんです！

「まゆかちゃんでしょ？」

名前を呼ばれて、驚いて声も出ない私に、川栄さんは姉の友だちの名前を挙げてくれました。

「ああ！　お姉ちゃんのお友だちが私のこと、本当に川栄さんに伝えてくれたんだ」

理由がわかってうれしくなりましたが、でも、「正規メンバーに自分から話しかけてはいけない、目も合わせてはいけない」ルールのことを思い出してしまい、私はうまく話せずにいました。川栄さんはそんな私に笑顔で、肩をポンポンと優しくたたいて言ってくれたんです。

「緊張しなくて大丈夫だよ」

あの川栄さんが、私を励ましてくれている……！

すっかりうれしくなってガチガチの緊張もふっとんだ私は、喜びにはずんだ声で元気に影ナレを務めることができました。そして無事に終わってホッとしていたところに、声がかかりました。

「ちゃんと言えてたね、お疲れ！」

なんと、また川栄さんが声をかけてくださったんです。川栄さんも公演で忙しいなかですから、１度声をかけてくださっただけでもじゅうぶんありがたかったのに、さらにアフターフォローまで……！　なんて思いやりがある人なんだろう、と感動しました。

　じつは私は、川栄さんというと当時テレビドラマでちょっとヤンキーっぽい感じの役を演じていた印象が強く、「怖い人なのかな？」と思っていたんです。でも、実際に接してみたら全然いい人で、本当に優しい方でした。

　川栄さん以外でも、いちファンだったころから大好きだったメンバーさんたちは、ステージの裏側で接してもがっかりするようなところがまったくありませんでした。皆さんオーラがあって性格も優しくて、忙しいなかでも振る舞いに余裕があって、みなさんを裏側からも見たことでますますファンになってしまいました。

　当時は高橋みなみさんがグループ総監督でしたが、メンバーさんに対してだけでなく、裏方のスタッフさんなど、たくさんいる関係者全員にも気を配られていたんです。

「たかみなさんはこんなところまで見えているんだ」

　視野の広さや懐《ふところ》の深さを尊敬するばかりでした。私は自分に与えられた仕事をこなすだけで精一杯でしたから、はるか先を見ることができるたかみなさんが、まさに神のように見えたんです。コンサートの開演前、たかみなさんがメガホンを持って指示を出して、メンバーさん全員で円陣を組んでいる様子を現場の舞台裏で見たときは、もう大興奮でした。

「私、これ生で見ていいの？　凄すぎない⁉」

もちろんバイトＡＫＢの仕事には全力で取り組んでいましたが、それでもやっぱり私はＡＫＢ48の大ファンだったんです。

紅白歌合戦の舞台

アイドルのバイトの経験で一番思い出深いのは、なんといっても２０１４年の第65回ＮＨＫ紅白歌合戦の舞台に立ったことです！　……リハーサルの舞台に、代役としてでしたが。ぱるること島崎遥香さんがリハーサルに出られなくなってしまい、急遽、照明位置などの確認用の代役に私が立つことになったんです。

「えっ、私がぱるるさんの代役⁉」

連絡のメールが来たときにも驚きましたが、リハーサル当日にはさらなる驚きが私を待っていました。あのＮＨＫホールのステージに、ＡＫＢ48のメンバーが勢ぞろいする、最前列に、私が、いたんです……「島崎遥香」と書かれたカードを持って。

もう、驚きを超えた状況でした。最前列に立ったのは、島崎さん代理の私、指原莉乃さん、渡辺麻友さん、小嶋陽菜《こじまはるな》さん。私のすぐうしろには高橋みなみさんと横山由依《よこやまゆい》さんがいました。この年、AKB48は番組後半の出場で放送時間が遅くなるため、松井珠理奈さんなどは年齢の制約で出演できなかったのですが、それでも超豪華メンバーです。私は「神々の中にひとりまじった、ただの人」という気持ちでした。

「待って待って、一番前なの⁉」

「私、まゆゆさんと同じ列に立ってる！」

「振り返ったら……たかみなさんがいる！」

自分が置かれた状況にまったく冷静になれず、脳内では「ヤバい！」という単語だけがぐるぐる回っていました。この年の紅白歌合戦でのAKB48の曲は「心のプラカード」。ゆったりした曲調なのでダンスの振付は全然むずかしくなかったのですが、それでもいっぱいいっぱいでした。

リハーサルが始まる前に、ステージに立つメンバーには移動指示の書かれた紙が渡されていました。この紙は、歌のどのフレーズのときに誰がどの位置に動くのかを記号で示すもので、ステージ上に小さく書かれている数字とこの紙を見た私以外のメンバーさんたちは、指示のとおりにスムーズに動いていていました。でも、私はNHKホールのような大きなステージに立った経験がほとんどなかったので、この指示書の見方がわからなかったんです。

どう動いたらいいのかわからず、かといって自分からまわりのメンバーさんに話しかけるのは「話しかけてはいけない」というルールもあってためらわれ、途方に暮れてしまいました。すると、北原里英《きたはらりえ》さんが「大丈夫？　わかる？」と声をかけてくださったんです。

「すみません……見方がわからないんです」

勇気を出して言うと、北原さんは「それはね、ここだよ」と優しく教えてくれました。リハーサルとはいえ紅白という大事な舞台でしたのに、まごつく後輩に気づいてそっと助けてくださって、その優しさに感動しました。

この日は緊張しすぎて気持ちが疲れてしまい、帰りの電車で体調を崩してしまいました。体力には自信があったのですが、緊張がとけて気が抜けたら一気に熱が出てしまったんです。

でも、リハーサルとはいえ夢の紅白のステージに立てたこと、そして凄い方々を間近で見ることができたことは、本当にありがたい経験でしたし、忘れられない思い出です。

レッスン、ステージ、そして……ラーメンづくり

高校2年生の5月から始めたスーパーの惣菜調理のアルバイトは、「アイドル活動を優先させてください」とお願いしてシフトに入る日数を減らしてもらい、細々と続けていました。

アイドル活動を最優先にしつつ、高校に通い、アルバイトも続けてと大忙しだったこころでしたが、さらに私はそのかたわらで、小さいころから大好きだったラーメンの試作に手を出していました。ラーメンのレシピ本を読んだり、インターネットでラーメンのつくり方を調べたりするうちに興味がわいて、もともと料理は好きだったこともあり、自分でつくってみようと思ったんです。

バイトAKBの仕事はいろいろとあったのですが、何しろメンバーが50人もいて、私ひとりだけに仕事が集中することはなかったので、空き時間はつくれていました。

漫画やドラマなどで登場人物がアイドルになったら、その子は急にモテモテになって、学校の廊下を歩いただけでみんながザワザワ、下駄箱を開けたらラブレターがバサバサと

落ちて、放課後は連日校舎裏に呼び出されてドキドキの告白タイム……なんていう展開があるかと思いますが、残念ながら私のまわりではそんな事件は起こらず、そもそも正規のメンバーさん同様「恋愛禁止」でしたので、空き時間はすべてラーメンに注ぐことができました。

レッスンも仕事も入っていない平日の夜は確実に、レッスンがあった日でも体力が続けば、せっせとラーメンをつくっていたんです。

私は、物心ついたころにはもう、ラーメンが大好きでした。家族旅行で車移動をする際など、サービスエリアで私が頼むのはいつもラーメン。ほかの家族みんなが、その場所の名物の海鮮料理などを頼んでいても、我関せずでひとりラーメンを頼んでは「まゆかはまたラーメンなの？」とあきれられていたほどでした。

「まゆかはラーメンを食べていればおとなしい」

家族からはそんなふうに言われて育ちました。

学校の給食で中華麺が出ようものなら大興奮。自分なりに美味しい食べ方を毎回工夫していました。ソフト麺1袋を一気に器に入れると、器からスープがあふれてしまうので、麺を袋から取り出す前に袋の真ん中のところをフォークで切るようにして半分に分けて、半分ずつ器に入れるんです。そうすると器からスープがあふれないので、余裕をもって麺にスープをからめられますし、麺を一気に入れないことでスープもあまり冷めないんです。これが私のはじめての麺研究だったかもしれません。

給食のない土日のお昼は、自分でインスタントラーメンをつくって食べるのが毎週の楽しみでした。中学生のころは誕生日プレゼントに姉からインスタントラーメンの詰め合わせをもらって大喜びした思い出もあります。とにかくラーメンというものが好きな子どもでした。

高校生になり、アルバイトを始めてお金に余裕ができると、料理研究部の友だちと「ラーメン」というＬＩＮＥグループをつくり、誘いあっては近隣のラーメン屋さんを食べ歩くようになりました。

私の通っていた高校のまわりにはラーメン屋さんが10軒近くあって、ジャンルも昔ながらの街中華や京都ラーメン、坦々麺など多彩だったんです。日によってお店を変えていましたが、何度も行くうちに自然と「私は味噌ラーメンがとりわけ好き」だということがわかってきました。

高校３年生でアイドル活動を始めると、なかなか食べ歩きもできなくなってきたので、空き時間にインターネットでラーメン情報を集めるようになりました。

インターネット上にはラーメンのレシピがたくさん紹介されていました。それらを見るうちに、「自分でつくったら、ラーメンってどんな感じなのかな。どんな味をつくれるのかな？」と気になってきました。

私は、小学校低学年のころから家の料理の手伝いが好きで、中学生になるころにはレシピを見れば大体のものはつくれるようになっていました。だから、「ラーメンもレシピを見ればつくれるだろう」と気軽に手を出したんです。まさかそのあと、自分がラーメン屋を何店舗も開くことになるとは、このときは夢にも思っていませんでした。

はじめてつくったのは、味噌だれでした。「まずは大好きな味噌ラーメンから」と家庭用のレシピを見てつくり、麺とスープは市販のものを使いました。ふつうに美味しくできたのですが、１度つくってみたら、さらなる好奇心がわいてきたんです。

「もっと美味しくするためには、どうしたらいいんだろう？」

私は味噌は甘めがあまり好きではなくて、あっさりしつつも味噌のコクがあるものが好みでした。レシピをアレンジして自分好みの味にしようと思い、「ちょっと醤油《しょうゆ》を足してみたらいいかも？」などと試してみましたが、醤油の味が味噌の風味に勝ってしまったり、味噌の味が思ったよりも濃くなってしまったりして、簡単にはいきません。

でも、自分でつくってみるうちに「こうしたら、こうなる」というのが少しずつわかってきました。

「意外とおもしろいな」

そう思ってあれこれ試しているうちに、気づけばラーメンづくりの沼にハマっていました。

最初は材料の割合を足し算引き算することにこだわっていたのですが、試作を重ねて、ある程度満足がいく味をつくれるようになってくると、「家にある市販の合わせ味噌以外のものを使ったら、どんな味になるんだろう……？」と、味噌の種類に興味が出てきました。そこで、近所のスーパーで赤味噌や白味噌などを買ってきて、また試行錯誤をくり返しました。

私は学校の科目でも美術や技術、家庭科などものづくり系のこと全般が好きで、理科の実験も得意でした。そのうえ没頭しやすいという気質だったので、ラーメンづくりとの相性がよかったんだと思います。

アイドルとラーメン。対極的なジャンルかもしれませんが、私にとってアイドルは幼いころからの憧れでしたし、ラーメンはラーメンで好きな料理に没頭できて楽しいし、食べるのも大好きだったので、それぞれを楽しんでいたんです。

まさかの結末「君たち終わりだから」

バイトAKBの終わりは、あっけないものでした。

2015年の1月31日。全員参加のレッスンの部屋にAKBグループの偉い方が突然「話があるから聞いて」と入って来て、言いました。

「2月いっぱいで君たち契約終わりだからよろしく」

けっこう殺伐《さつばつ》とした感じで、しかも唐突《とうとつ》で……あまりのことに50人全員、ショックで茫《ぼう》然自失《ぜんじしつ》。

「私たち、これからどうしたらいいの？」

途方《とほう》に暮れました。

一応、「希望すればチャンスをあげる」とは言われました。

「バイトAKBのメンバーには、5月にある第2回ドラフト会議の書類審査と二次審査はパスして、最終審査から参加できる権利をあげる」

このドラフト会議は、通常のオーディションとはちがいます。AKB48、SKE48、NMB48、HKT48、NGT48の全チームのキャプテンなどが、候補者の中からほしい人材を指名してチームメンバーを決定する、という仕組みで、最終審査を通過しなければドラフト会議に進むことはできません。

たぶん、バイトAKBメンバー50人のうち、半分くらいはこの権利を使って最終審査を受けたと思います。なかには最終審査を通過してドラフト会議に進み、指名を受けて研究生になったあと、見事正規メンバーになった子もいました。

私は、この権利を使わずに、自分の中でひとつの区切りをつけることにしました。キラキラして見えていた世界の裏には、厳しい現実があるんだという当たり前の事実を突きつけられて、ショックを受けてしまったんです。

わかっていたつもりでしたが、いざ自分がその状況に置かれてみたらやっぱり衝撃は大きかった。ですが、やり切った感があったというのもあります。ありがたいことに、バイトとして制限のある活動の中でも、私個人を応援してくださるファンもついてくださったし、5ヵ月という短い期間でしたが、AKB劇場でのバックダンサー以外にも、バイトA

ＫＢのメンバーだけでのステージにも立たせていただきました。バイトＡＫＢとして活動した時間は濃密で、自分にできる精一杯をやったので後悔はありませんでした。

高校卒業を目前に控えた2月28日。バイトＡＫＢによる卒業公演のステージを終え、私はそのときから「元アイドル」となりました。

第2章

ラーメン沼にハマる

アイドルをやめた理由

「バイトＡＫＢは契約更新がなくて、２月末で終わりらしい……」

アイドル卒業について家族に伝えたところ、返ってきた反応はあっさりとしたものでした。

「そうなの？　まあでも、やれただけでよかったんじゃない。やりたいことはやれたんでしょ？」

いま振り返れば、私の気持ちを考えて騒がず冷静に返してくれたんだなと思います。

友だちからの反応はみんな同じで、「えっ……じゃあ進路どうするの？」というものでした。なにしろ高３の２月、みんなとっくに卒業後に進む道を決めていた時期でしたから。

じつは、バイトＡＫＢのオーディションにはまさか受かるとは思っていなかったので、オーディションに応募すると同時に調理系の専門学校への進学手続きも進めていました。

バイトＡＫＢに合格した２０１４年10月時点では、専門学校のほうもほぼ内定していたんです。

でも、せっかくオーディションに受かったのだから、と申し訳ないけれど専門学校を辞退して、アイドルの道を選びました。「専門学校にはもっと歳をとってからでも入ることは可能だけれど、アイドルになれるのはオーディションに受かったいまだけ」と思ったからです。

専門学校の推薦《すいせん》を取り消しさせてもらったときは、両親が放課後に学校に来てくれて、担任の先生と進路主任の先生と教頭先生に親子３人で頭を下げてきちんと謝罪しました。先生方は「ほぼ内定していたものを取り消したからには、アイドルのほうをしっかりがんばりなさい」と受け入れ、応援してくださって、あとはもう全面的に協力してくれたんです。

バイトＡＫＢが契約終了になっても、専門学校を辞退したことは後悔していませんでした。「私はいましかできないことをやったんだ」と思っていましたし、アイドルになって憧れのＡＫＢ48のメンバーさんと同じステージに立つことができたあの時間は、いまでも大切な私の宝物になったのですから。

とはいえ、２月でバイトＡＫＢを卒業、３月には高校も卒業して、私の進路は白紙の状態。まだ18歳、また何らかの形でアイドルを目指すことも可能な年齢ではありましたが、その道にはあまり情熱を感じられそうにないなと思っていました。

バイトAKBの活動では、終わり方にこそショックを受けましたが、「やることはやった」という自負がありました。「メンバーさんに会いたい」という夢も叶えられて満足していたので、「またアイドルをやるぞ！」というハングリーな気持ちはわいてこなかったんです。

年齢のこともありました。AKBグループのアイドルの多くは、正規メンバーでも22、23歳くらいで卒業する人が大半です。そこから女優やタレントの道に進んで芸能界で活躍し続ける人もいますが、芸能界からは引退して一般人になる人も多いんです。もし18歳だった私ががんばって正規メンバーになれたとしても、わずか数年で卒業のタイミングがきてしまいます。そもそも厳しい競争率を考えたら正規メンバーになれずにずっと研修生のままになる可能性も高いですし、また急に切られてしまう怖さもあると考えると……。

私の気持ちはアイドルの道から、自然と遠のいていきました。

惣菜調理のバイトで得られたもの

高校2年生の5月に始めたスーパーでの惣菜調理のアルバイトは、朝8時から夕方17時までのシフト。アイドル活動を始める前は、土日はほぼこのアルバイトに費やしていました。平日の放課後にシフトを入れることもあったので、大体週3日くらいのペースで働いていたと思います。アイドル活動中も日数を減らしながらも辞めずに続けていて、卒業後は働く日数を週に4〜5日に増やしました。

バイトAKBの活動中もこのアルバイトを辞めずにいたのは、バイトAKBでの仕事は不定期で、収入としては当てにしづらかったからでした。それに惣菜調理の仕事は時給もバイトAKBよりも高く、大好きな料理もできたので楽しかったんです。

このアルバイトは、「食材を扱う仕事がしたい」と始めたものでした。1日中スーパーの奥の厨房《ちゅうぼう》で天ぷらを揚《あ》げたり、焼き鳥を焼いたりという仕事で、「若いのになんでこんな地味な仕事してるの？」「もっと表に出る仕事のほうがいいんじゃないの？」と職場の方から言われることもよくありました。

アイドルを経験したために誤解されがちなのですが、私はもともと、裏で黙々《もくもく》と手を動かすような仕事が性《しょう》に合う職人タイプ。ラーメン好きなのにラーメン屋でのアルバイトを選ばなかったのも、当時家の近所にあったラーメン屋さんがみんな「頭にタオルを巻いて大声であいさつ」系のお店だったので、食べに行くのはともかく働く環境としてはちょっと合わないな、もっと落ち着いて働ける職場がいいなと思ったからなんです。

その点、手際のよさは求められても威勢《いせい》のよさは求められない惣菜調理のアルバイトは、私にうってつけでした。素早く大量に調理するスキルが身についたうえに、衛生面の知識も学べましたし、作業のオペレーションを組み立てるスキルも培《つちか》えたんです。

たとえばフライを担当すると、コロッケなら何分、ポテトなら何分と惣菜ごとに揚げ時間がちがううえに、品数も多いので、フライヤー3台を同時に動かすんです。各フライヤーの温度もちがいましたから、何をどのフライヤーでどういう順番で揚げるか、脳内でうまく組み合わせてから作業を進めて、必要なものを必要な時間に出せるようにしていました。

売り場の在庫を確認しつつ、効率よく揚げる手順を組み立てて、売り場で欠品を出さないようにする必要があったんです。慣れるまではちょっと大変でしたが、コツをつかむと脳内でパズルゲームをしているような楽しさがありました。

調理場では私が断トツの最年少。いっしょに働いていたのは親と同じくらいか、親よりも年上の主婦の方たちでしたが、そんななかでも私はけっこう頼《たよ》りにされていました。

「まゆちゃん、この次何したらいい？」

指示待ちのスタッフと組んだときには、私が売り場で在庫を確認して、「先にコロッケで、次は～」なんて段取りをしていたんです。このバイトを辞めるときには、「あなたがいないと困る！」とかなり惜しまれました。

のちにはじめてのラーメン屋をオープンしたあと、私は厨房と客席両方を担当していましたが、スタッフからは客席対応について驚かれました。

「なんでそんなにホールをまわすの上手いの!?」

たとえばふつうの人だったら3時間に70人くらいの回転率のところを、私は100人くらいまわしているんだそうです。

でも、私は惣菜調理のアルバイトのときと同じように、ただお客様の人数と席数を把握《はあく》して、「この席のお客様は何人。あと何分くらいでお会計に来るだろうから、その前にあの席に配膳をすませよう」などと頭の中で組み立てて、一番効率のいい動き方をしていただけなんです。そうすれば無駄にお客様を待たせる時間がなくなるので、自然と回転率は上がります。

この組み立てはもうすっかり身についていて、特に意識しなくても自然にできるので、人から「上手いね」と言われても最初は「当たり前じゃない？」と思っていました。

深まるラーメン研究～食べ歩き・ネット検索・試作～

バイトAKBの活動時は、せっかく東京に行っていたので都内のラーメン屋さんに寄りたい気持ちはもちろんありましたが、帰宅時間が遅くなってしまうことを考えて、ほとんど寄り道せずにいつもまっすぐ家に帰っていました。それに、AKB劇場がある秋葉原はラーメン屋さんが多いので、もし食べ歩きができたら最高だったのですが、劇場の近くでぶらぶらするのは禁止だったので食べ歩きはできなかったんです。

アイドルと高校を卒業したあとは、時間とお金に余裕ができたので、生活圏内で楽しんでいた趣味のラーメンの食べ歩きの範囲を広げて、いろいろな有名店に行くようになりました。

厨房が見えるつくりのお店ではそっと様子を観察させてもらって、忘れないようにメモしていました。

メモの内容は、使っている具材や器材、調理方法、そのお店のラーメンのトッピングの内容や味の印象、そのほか自分のラーメンに取り入れられそうなことはなんでも。ちなみにこのメモの習慣はいまでも続いていて、ラーメン屋さん以外でもよくメモを取っています。

味の印象でよくメモするのは、口に入れたときの最初の印象とそのあとの変化です。食べものは舌にのせる位置で味が変わるんです。手前は塩味《えんみ》が強く、奥は甘味《かんみ》が強く感じられるので、舌のどの位置で美味しく感じるかや、舌先とほかの場所での味の変化に注意しています。スープが一番わかりやすいですね。スープは、食べ始めてから時間が経つとトッピングの味がスープに出て味が変わってしまうので、早めによく味わっておくのがポイントです。

麺は喉越《のどご》し。風味と舌触りから「小麦粉はあれを使ってるのかな？」などと材料を想像しながら食べ、「卵感が強いな」といった味の印象や、食べたあとに鼻から抜ける感じなどもメモしています。

そう、味の印象は口の中で感じるものだけでなく、鼻のあたりに抜ける感じも重視しています。広い意味での味覚《みかく》には嗅覚《きゅうかく》も含まれるので、五感を総動員して味わうんです。

丼を持ち上げて、湯気をかいでみたりもします。

でももちろん、ラーメン自体を楽しみたいので長々と分析はしません。まずはきちんと味わって食べて楽しんで、その合間に味の分析もしている感じです。

このころは、お店での食べ歩きだけでなく、インターネットでラーメンづくりの様子を映した動画も探して見ていました。ラーメンのレシピが載っている本も読んで参考にして、いろいろな情報を仕入れては、気になったものを自分で実際につくって確かめていたんです。

だから私のラーメンは、特定の店の何ラーメンを参考にした、どこの店のレシピから学んだというよりも、いろいろなところからいろいろなものを少しずつ吸収していった感じです。大まかなつくり方はインターネットに公開されているものから学んで、そこから試作を重ねて、ディテールは自分で工夫して突き詰めるというのが私の独学スタイルでした。食材のことも調べ始めて、地方にしかない食材なども取り寄せるようになっていきました。いまお店で使っている食材の中にも、10代の試作期に見つけて定着したものもあります。

味噌だれは味噌、すりごま、一味《いちみ》、みりん、ニンニクなどを合わせてつくるのですが、一番むずかしかったのは、材料を決めることです。すりごまひとつとっても種類がいろいろありますから、片《かた》っ端《ぱし》から取り寄せては試してみて、香りやザラつき具合、スープと合わせたときのスープに浮いた感じなどが、一番いいなと思えるものを探しました。

一味も香りを重視して、あとは子どもでも食べられるように、辛《から》さがあまり強くないかどうかを気にして探しました。ラーメンのように熱くして食べる場合は、一味の辛さが引き立つので、あまり辛味が強くないほうがいいと思ったんです。

みりんもあまり甘いものを使うと全体が甘くなってしまうので、甘味がちょうどいいものを探しましたが、これもむずかしかったですね。味噌だれに使うみりんだけでも、８種類くらい試しました。

各材料を組み合わせると何百通りにもなりますが、それをひとつひとつ、少量ずつつくって試してみて、消去法で使わないものを消していくうちに、だんだん満足のいく味の味噌だれができあがっていきました。第１章でも書きましたが、私は学生時代理科の実験が好きで、指定されたとおりにきっちりと計量を行い、結果を出すのが得意でした。ラーメンの味づくりはなかなか思うような結果にならないところがむずかしいのですが、条件を変えていろいろと試して、少しずつ自分の狙《ねら》った結果に近づけていく過程は理科っぽいなと思っています。

心の師、佐野実さんとの出会い

超有名ラーメン店「支那《しな》そばや」の創業者、佐野実《さのみのる》さんに私淑《ししゅく》するようになったのは、この試作期のころでした。生前は数多くのテレビ番組に出演されて、「ラーメンの鬼」といわれた佐野さん。佐野さんをテレビでご覧になった方は、特にTBSのバラエティ番組「ガチンコ！」の人気コーナー「ガチンコラーメン道」で見せた参加者への過激な指導が印象に残っている方も多いかと思います。私もテレビに出演されているのを見たことはあり、「ラーメンに厳しい人なんだな」と知ってはいましたが、そのころの私にとっては佐野さんはテレビの中の遠い存在でした。

佐野さんは２０１４年に惜しまれつつ亡くなられましたが、私が佐野さんの存在に注目し始めたのはアイドル卒業後の２０１５年ごろから。ラーメン関係の動画をいろいろと漁《あさ》っているうちに、佐野さんが出演されているものを見つけて「ラーメンに対する情熱が尋《じん》常《じょう》ではない！」とびっくりしたんです。自分がラーメンをつくるようになってみると、佐野さんが厳しく指導している内容は「もっともなことだ、ラーメンに真剣だからこそこんなに激しいんだ」と思えました。

動画から佐野さんがラーメンにどれだけの情熱を注いでいたかを知った私は、少しずつ佐野さんの情報を集め始めました。そして佐野さんが材料一つひとつにこだわって生産現場まで足を運んでいたことや、納得がいく味になるまで何年も試行錯誤を重ねるなど、飽《あ》くなき探究心《たんきゅうしん》の持ち主だったことを知って、「こんなに凄い人だったのか」と敬服《けいふく》するうちに、いつしか心の師と仰《あお》ぐようになっていました。

私はラーメン屋での修業はしていませんが、ラーメンに対する心、精神面は動画をとおして佐野さんからたくさん学ばせていただきました。

それと、ラーメン屋開業後に佐野さんのお店「支那そばや本店」でラーメンを食べた感想をTwitterでつぶやいたところ、思いがけない展開があったのですが、そのことについては第４章で。

火力を、もっと火力を！　家のキッチンの限界

味噌だれづくりを始めて数ヵ月がたち、ある程度満足のいくものをつくれるようになった私は、スープと麺の自作にも手を出し始めていました。

麺は最初は自分で切っていましたが、手作業で太さを均一にそろえるのがむずかしかったので、思い切って小型の製麺機を購入。小型とはいえ20万円ほどしましたので、当時19歳だった私にとってはそれまでの人生で一番高額な買い物でした。でも、きちんとしたつくり方を覚えたほうが今後のためになるだろうと思ったんです。この製麺機は最初の店を開いたあとも何ヵ月か使いましたから、いい買い物でした。

そしてスープを炊《た》くようになると、すぐに実家のキッチンでのラーメンづくりに限界を感じるようになりました。

たとえば材料の保管場所。豚骨《とんこつ》や鶏《とり》ガラなどはかさばるので、家庭用冷蔵庫では保管がむずかしかったんです。また、調理の際の独特のにおいや、ギトギトした脂汚れがシンクに残りやすいことから、家族にも嫌がられてしまいました。家族はあきらめて「ちゃんと

掃除するならいいよ」と言ってくれたのですが、私としても迷惑をかけたくはなかったので「どうしたものか」と頭を抱えてしまう問題でした。

そしてとりわけ不満だったのが火力です。いろいろなラーメン屋さんを見学したり、インターネットでプロのラーメンづくりの動画を見たりして、ラーメンづくり、特にスープ炊きには強い火力が欠かせないことはわかっていました。でも、家のキッチンの火力では全然足りず、思うようなラーメンをつくれなかったんです。

たとえば、いま八雲で出している味噌ラーメンと醤油ラーメンは、たれとスープを合わせるときには中華鍋が欠かせません。ふつうの鍋だと、加熱してもただ沸騰《ふっとう》してポソポソしてしまうのですが、中華鍋を高火力で熱すると一気に熱が回るので、油とスープとたれを一体化（乳化《にゅうか》）できるんです。

家での試作中も本当は中華鍋を使いたかったのですが、家のキッチンの火力では中華鍋ならではの炒《いた》め具合にできないし、と悩んでいました。

家の火力でも、インスタントラーメンなど自分が日常で食べるラーメンは、じゅうぶん美味しくつくれます。でも、それでは満足できなくなっていたんです。

「せっかくここまで腕を上げられているんだから、私がつくったラーメンをいろいろな人に食べてほしい！」

「本格的にラーメンをつくれる厨房がほしい！」

「器具や材料の置き場所もほしい！」

「厨房を家の外に借りたい！」

それなら店を開業したらいいいんじゃないか。もうここまでやったのなら、ちゃんとした厨房のある店舗を借りてお店を開いてしまおうか。そうすれば、思いっきりラーメンがつくれるし、人に食べてもらうことだってできる。

「よし、やっちゃおう！」

ラーメン屋を開くと気持ちがはっきり決まったのは、2016年の秋ごろ。アイドルを卒業して1年半ほどが過ぎたころでした。

まゆか's レシピ

～インスタントラーメンでつくる本格濃厚味噌ラーメン～

調理時間 6分

私がいろいろと試した結果たどりついた、インスタントラーメンでできる本格味噌ラーメンのレシピをご紹介します。ご家庭の設備で簡単に本格的な味をつくれますので、ぜひ試してみてください!

■材料（1人分）

・インスタント味噌ラーメン…1袋
・豚ひき肉…50g
・もやし…50g（1袋の¼）
・ごま油…大さじ⅔
・すりおろしにんにく…小さじ½

■調味料（1人分）

・味噌…大さじ1
※ご家庭で使っているものでOKですが、合わせか白がおすすめ
・みりん…大さじ½
・砂糖…小さじ½
・すりごま…小さじ½
・和風だしの素…小さじ¼

1

ボウルに水を張り、ざるに入れたもやしを浸して、もやしが折れないように優しく洗う。２回ほど水を入れ換えて洗い、水を切る。

★水に浸して洗うことで、もやしの臭みがとれて、さらにシャキシャキと美味しくなります。

2

鍋にごま油を入れて中火で熱し、豚ひき肉とすりおろしにんにく、みりん、砂糖、味噌、すりごまの順に入れて、ひき肉がぽろぽろになるまで中火で炒める。

★豚ひき肉と味噌をいっしょに炒めるので、肉の旨みと甘みが合わさった肉味噌ができます。

3

2と同時に、インスタントラーメンを袋に書いてある説明どおりにつくり始める。鍋にインスタントラーメンを入れて茹でるときに、和風だしの素も入れる。

★炒めものができあがる時間に合わせて麺の茹で時間を調整して、お好みのかたさにしてください。

4

2の鍋に**1**のもやしを合わせ、具と油をからめるようにさっと強火で10秒ほど炒め、もやしのシャキシャキとした食感が残るようにする。

5

4の鍋に、できあがったインスタントラーメンをスープごと入れる。軽く沸騰したら火を止めて丼に移し、完成。

※お好みでトッピングも
お好みでバター５g、コーン60gを合わせても美味しくいただけます。

第3章

ラーメン屋、始めます!

料理のルーツは家のお手伝いと「チューボーですよ！」

前章でお話ししたとおり、私のラーメンづくりは、すべて独学です。ラーメン屋という と既存《きぞん》のお店で修業してから開業する人が多いと思いますが、私は自分で開いたラーメン屋以外で学んだ経験がありません。

修業をすると、そのお店のレシピや経営の仕方などを教えてもらえるというメリットがあると思いますが、そうなるとのれん分けをさせてもらう形になるので、教えてもらった味や伝統を守ることをまわりから期待されると思います。

でも、私はアイドル活動中に味噌だれをつくってみたときから、自分で研究して味をつくり出していくのが好きでした。「修業したお店の味を再現できるようになるよりも、自分流の味をつくり出したい」という気持ちが強かったんです。修業で得られることもいろいろあるだろうと思いますが、私はすべて自分流でいこうと決めました。

「どうして独学で味づくりができたんですか？」とよく聞かれますが、私は小学校低学年のころから料理が好きでしたから、自分では「やればできるだろう」と思っていました。

私の母は専業主婦で、料理上手。そんな母の横に立って料理を手伝うのは、子どものころの私にとって一番楽しいお手伝いだったんです。

私は4人姉妹の末っ子なのですが、4人の子どもを平等に扱うための母なりの工夫だったのか、私が小学生になったころから、梅澤家のおこづかいシステムは「お手伝いをした人は100円もらえる」というものでした。自己申告制で、「トイレ掃除」や「洗濯物を取り込む」「洗濯物をたたむ」などのお手伝いをした人が母に「あれをやったよ」と言うと、おこづかい100円がもらえたんです。不正とかはなく、4人全員真面目《まじめ》にやっていました。

お手伝いの内容は母があらかじめ決めたものでしたが、その中には「おかずをよそう」などの小さい子どもでも無理なくできる料理のお手伝いもあったんです。私はそれが好きで、率先《そっせん》して「私がおかずをよそう！」とやらせてもらっては100円をもらい、喜んでいました。

いま思うと、母は小さな私にも無理なくできるレベルのお手伝いを考えてくれて、姉たちも「あれは私たちには簡単すぎるから、末っ子のまゆか用だね」と私に譲《ゆず》ってくれていたんでしょう。

楽しんで毎日お手伝いをするうちに、「料理が好き」という気持ちが自然に芽生《めば》えていました。そしてだんだんとお手伝いの難易度が上がってできることが増えていき、中学生になるころには、レシピを見れば大抵の家庭料理はつくれるようになっていました。「この素材をこう調理したらこういう味になる」という味づくりの基本も、気づけばつかめていたんです。

それから、味づくりに関しては、TBSで放映されていたテレビ番組「チューボーですよ！」を幼いころから熱心に見ていた影響も大きいと思います。この番組は夜11時半スタートという、子どもは寝る時間からの放映だったので、毎週必ず録画して見ていました。

ご存じの方も多いと思いますが、「チューボーですよ！」では毎回1つの料理を、3つの有名な店舗の料理人の方がそれぞれのお店の料理法でつくっていました。同じ料理を美味しくつくる方法を1度に3パターンも見ることができて、しかもそれぞれにこだわるポイントがあって、毎回凄く興味をそそられたんです。

「料理っておもしろいな」

毎週の録画をワクワクと見ているうちに、料理を楽しむ気持ちや、未知の調理法への好奇心を育ててもらったように思います。

その後、自分でラーメンをつくるようになると、ラーメンの材料やつくり方への理解はどんどん深まりました。有名なラーメン店の方が厨房で作業する様子をテレビなどで見たり、お店でラーメンを食べたりすれば、どんな材料を使っているのか、どんなつくり方をしているのかはざっくりとですが見当がつくようになっていきました。

ラーメンの有名店の多くはのれん分けということもあって、私が「修業経験がない」と言うと驚かれます。でも、家でのお手伝いやアルバイト、食べ歩き、テレビやインターネットなどからでも、ラーメンづくりは学べます。学校で習ったりお店に弟子入りしたりしなくても、「やる気と工夫次第で、若くてもお店は開ける」と知ってもらえたらうれしいです。

夢のつまった店の構想ノート

惣菜調理のアルバイトを週に4、5日して、あとはラーメンの試作とラーメン食べ歩きに没頭《ぼっとう》する日々には、さすがに親から小言《こごと》めいたことを言われたこともあります。

「いい加減、正規の職を探したら？」

「20歳まではいろいろやるのもいいけど、いずれはちゃんと就職しなさいよ」

その言葉を聞くうちに、「店を出すなら20歳のうちに出そう」と思い始めました。

でもいま思えば、家のキッチンで大量の豚骨を炊いたり、小型とはいえ製麺機まで使い始めたりとやりたい放題にしていた娘に、よく親はさほど文句も言わずに好きなようにさせてくれたものです。小さなころから「好きなことをしなさい」とのびのび育ててくれた両親には、本当に感謝しています。

「ラーメン屋をやろう、20歳のうちに店を開こう」

そう心に決めてからは、店づくり関係の構想をノートに書いておくことにしました。最初のノートを書き始めたのは、2016年10月。開業資金の計算や、取り寄せた材料の一覧などを逐一《ちくいち》書き出していたほか、お店のビジュアルイメージなどをイラストに起こしていました。

特にお店の外観や内観、看板は、お客様にお店のコンセプトを一目でわかるように伝える大事なところ。どこか懐かしい昭和の雰囲気で、落ち着いた和風をイメージしました。

いろいろなラーメン屋さんをめぐったり、家族で旅行したりしていても、一番居心地《いごこち》がよくて落ち着くのが和風の建物で、昔から「和」に惹《ひ》かれていたので、自分でお店を出すなら和の雰囲気にしようと決めていました。お客様にも和風で落ち着いた雰囲気の中でラーメンを食べてもらえたら、くつろげるぶん、より美味しく味わってもらえるんじゃないかと思い、イラストにも反映させたんです。

ノートに整理することで自分の考えも明確になりますし、また開業にあたっては工事の業者さんなどに自分のイメージをわかりやすく伝える必要があったので、細かいことまで書き出したこのノートは、のちにかなり役に立ちました。

じつは私は中学3年生までサンタさんへの手紙を書いていて、毎年手紙の中でそのときほしいものを10〜15個くらいリストにしていたんです。リストアップしてみると、「さすがにこんなにたくさんはもらえないかな？」と冷静な判断も生まれるんですが、それでもなるべくたくさんもらいたかったので、「この中から5個くらいください」なんて、遠慮《えんりょ》しているようでやっぱり欲張ったお願いをつけ足して書いていた記憶があります。でも、クリスマスの朝に部屋で見つけられたのは、大抵お願いしたうちの2〜3個でした。それでも毎年うれしくて、次の年もあきらめずに手紙にはリストを書いていましたね。小学生のうちは子ども向けのお菓子づくりキットなどをよくリストに書いていましたが、これはよくもらえたプレゼントでした。中学生になってからは自分専用の調理器具がほしくなってリストに書いてみて、フライパンの3点セットをもらったこともあります。

このように、実現したいものがあれば書き出して整理することが子どものころから習慣化していたので、開業準備のノートつけも自然にやっていました。このノートには私が考えたアイデアがぎっしり詰まっているので、いまもほとんど人には見せずに大事にしています。

地元、味噌ラーメン、縁起のいい「八」の字

ラーメン店といってもジャンルはいろいろですが、私の場合は即決でした。こよなく愛する味噌ラーメンのお店にしよう、味噌ラーメンの発祥は札幌！ で決まりです。

札幌ラーメンを意識したお店にすると決めたことで、麺と味噌だれの材料には北海道産のものを使うということも早い段階で決めました。

「八雲」という店名は、日本神話に出てくる神、スサノオノミコトが詠《よ》んだといわれる和歌からつけました。

八雲《やくも》立つ　出雲八重垣《いずもやえがき》　妻籠《つまご》みに　八重垣作る　その八重垣を

「店名には末《すえ》広がりで縁起《えんぎ》のいい八の字を使いたい」と思い、インターネットで八を使った言葉を調べていたときに、この和歌に出会ったんです。日本神話に由来すること、古事記と日本書紀に載っていて日本ではじめての和歌といわれていることを知り、「私のはじめてのお店は、この初《はつ》ものの縁起にあやかりたい」と選びました。

末広がりの八の字のように、お客様との関係も末長く広がっていきますように。雲のようにゆっくりと、店の歴史を刻んでいけますように。そんな願いも込めています。

はじめてのお店は、絶対に自分が生まれ育った街「高座渋谷《こうざしぶや》」に出したいと思っていました。高座渋谷は、神奈川県大和《やまと》市、小田急電鉄江ノ島《えのしま》線の駅です。

主にインターネットで、高座渋谷駅から徒歩10分圏内の物件を探しました。内装を新しく替えたり、エアコンや冷蔵庫などをすべて自分で用意したりできるほどの資金は用意できなかったので、前のテナントの設備をそのまま使える居抜《いぬ》きの物件が理想でした。

情報を見て「これは」と思ったお店は見学に行き、３軒目に見つけたのがいまの八雲大和店の物件です。当時はまだ居酒屋さんが営業中だったのですが、入り口の木製の引き戸や、壁や天井に竹をあしらった和風の内装などが私がイメージしていたお店の雰囲気と合っていて、「改装しなくても、ほぼこのまま使えそう！」と見てすぐに思いました。

このころには実家でのラーメンづくりが本当に厳しくなっていたので、居酒屋の方にごあいさつがてら事情を伝え、厨房を見せていただきました。調理スペースに余裕があり、追加で茹《ゆ》で麺機などを入れても動線を確保できそうだったので、「ここでなら本格的なラーメンづくりができる！」と契約を結ぶことにしたんです。

かかった金額は80万円。20歳の私にとっては大金でしたが、これを出さないことには話が始まりません。

2017年6月末のことでした。

家族全員反対！　末っ子、はじめての反抗

私は2歳ずつ年の離れた4人姉妹の末っ子で、父、母、姉3人に私の6人家族です。家族に「ラーメン屋をやりたい」と打ち明けたところ、なんと見事に全員に反対されてしま

いました。バイトＡＫＢのオーディション会場について来てくれたすぐ上の姉も、いつもとはちがい、このときばかりは味方してはくれませんでした。５対１、孤立無援《こりつむえん》になってしまったんです。

父は電車の運転士、母は専業主婦。姉３人は全員、公務員などの堅実《けんじつ》な職業についていました。身近なところに自営業経験者がいなかったので、ラーメン屋の経営がどれくらい大変かまったくわからず、とにかく心配だったようです。

「自分で何を言っているかわかっているの？」

「お遊びとはちがうんだから」

家族からはけっこう厳しいことを言われましたし、開業を無理矢理やめさせられそうになったこともあります。もしこのとき家族に従っていたら、全然ちがう人生を歩んでいたと思います。

説得には時間がかかりました。

「どうしてもやりたい」

「失敗したら失敗したで、そのときはちゃんと就職するから」

「１回はやってみたいことをやりたい」

私は事前に計算したり裏で根回しをしたりして、事を上手に進めるということが全然できない性格です。ひたすら愚直《ぐちょく》に、何度も自分の気持ちを訴《うった》え続けました。

家族に伝えたのは、もう「店を出す」と決めて、物件を探していたころのこと。店の構想も固まっていましたし、「たとえ反対されても絶対にやる」と腹を決めていたので、反対されたまま開店に向けて準備を進めていきました。それまでの人生で、家族に強く反対されるようなことを望んだことがなかったので、ここまで家族の反対に真っ向から抗《あらが》ったのは生まれてはじめてでした。

バイトAKBのオーディションを受けるとき、親の反応は「やりたいならやってみれば」というものでした。親から進路について強い干渉をされたこともなく、いつも「私がどうしたいか」を聞いてくれて、私の意志を尊重してもらえていたので、正直なところ「ラーメン屋開業も、なんだかんだで応援してくれるんじゃないかな」と甘い考えでいたんです。

でも、蓋《ふた》を開けてみたら大反対。オーディションを受けるのと開業とではお金のかかり方が全然ちがいますし、失敗したときの人生への影響も段ちがい。なので親の気持ちもわかるのですが、当時は本当に説得するのが大変でした。

家族からすれば、「社会人経験もろくにないのにいきなり開業なんて、失敗するのは目に見えている。賛成なんてできるわけがない、不必要な苦労はさせたくない」ということだったのでしょう。でも家族も、私の一度これと決めたら絶対に譲らない性格はわかっていますから、次第に「この子には何を言っても無駄だな」「一度自分でやってみないと、納得しないだろう」というあきらめた感じが出てきました。

打ち明けて１ヵ月後くらいには「やるなら自分できちんとやりなさい、家族に迷惑をかけないことが約束」と言ってもらえました。「全面的に賛成してもらえた」とはとても言えないけれど、粘《ねば》りに粘って最終的にはあきらめてもらった、という感じでした。

いっしょにやる仲間を探せ

「全部ひとりでやるのは無理だろうな、助けてくれる仲間がほしいな」

実際にお店を開くとなると、ただラーメンをつくればいいだけではありません。そこでいっしょにラーメン屋をやってくれる人を探そうと考えたときに、思い浮かんだのはバイトＡＫＢ関係の知り合いに紹介してもらったふたりの顔でした。

バイトAKB時代、なんとか仕事をつかもうと奮闘していたころのこと。「ラーメン関係の仕事をもらえたらいいな」と思った私は、自己紹介のボードに「ラーメン大好き！」と書いたり、自己紹介の機会があれば「ラーメンが好きです！　いつかAKBのメンバーさんとラーメンを食べに行きたいです‼」と言ったりして、事あるごとにラーメン好きをアピールしていたのは、前に書いたとおりです。

すると、「そんなにラーメンが好きなら、知り合いにこんな人がいるよ」と食に詳しいふたりを紹介してもらえたんです。

坂井さんは、アイドル活動をしながら大学に通い、管理栄養士の資格をとったという凄い女性。私より4歳年上です。

もうひとりの尾崎さんは、食品関係の会社に勤務すること十数年。食全般に詳しく、飲食関係の仕事で百貨店などにも長年勤めていたビジネスマンで、会ったときはすでに30代でした。

紹介してもらって顔を合わせたあとは、ほとんど会うこともなかったふたり。ダメ元で連絡してみたところ、なんと坂井さんはちょうど仕事を辞めていて、尾崎さんは転職を検討中だというではありませんか。

「これは手伝ってもらえそう！」

さすがに「いまの仕事を辞めてほしい」と言うのは気が引けるし、責任を取れないなと思っていたので、ふたりの状況は私にとっては朗報でした。

さっそく、私はふたりに「じつはラーメン屋さんを開業したいと思っている。詳しく相談したいからここに来てほしい」と持ちかけ、契約したばかりの高座渋谷の店舗に来てもらいました。

そして渾身《こんしん》の味噌ラーメンをふるまって、誘いの言葉をかけたんです。

「ここでラーメン屋をやりたいと思っているんですけど、いっしょにやりませんか」

ふたりともとても驚いていて、その場では返事はもらえませんでした。

「ラーメンは食べてもらったし、大丈夫じゃないかな」と思いつつ、でもドキドキしながら返事を待っていると、1週間後くらいに、ふたりともOKと返事をしてくれたんです！

このとき、ふたりにとって私は、「2年前に何度か会っただけの年下の知り合い」にすぎませんでした。ラーメン屋で働いたことすらない20歳女性からの、無謀《むぼう》な誘い。受けるかどうか相当迷ったらしいのですが、決め手は私のラーメンだったそうです。

「ドヤ顔で出された味噌ラーメンが、粗削《あらけず》りながらポテンシャルを感じさせる美味しさだったので、賭《か》けてみようと思った」とか。あとから聞いたのですが、私はずっと淡々《たんたん》とおとなしい感じだったのに、ラーメンを出すときだけはドヤ顔だったんだそうです（笑）。

また、「もし自分ひとりだったら断っていたけど、仲間がもうひとりいるなら、なんとかなると思った」とも言われました。特に坂井さんは、「私たちふたりでっていうのはナシだと思ったけど、飲食業界での社会人経験が長い尾崎さんもいっしょなら、大惨事《だいさんじ》にはならないと思った」そうです。

もしどちらかひとりだけを誘っていたら、どちらを誘っていたとしても断られていたんですね。「いきなりふたりも雇うのは大変そうだから、まずはひとりだけ」なんて後ろ向きなことを考えず、ふたりとも誘ってよかったです。

こうしてなんとか頼もしい味方がついた私は、開店を2ヵ月後の2017年9月と決めて、それからは開店準備に向けて奔走《ほんそう》しました。

店舗立ち上げ準備①　～内装・外装・設備～

ふたりが仲間に加わると、準備は急ピッチで進みました。私がノートにつけていた構想に百貨店勤務時の店舗立ち上げ経験者である尾崎さんの知識が加わり、味づくりには管理栄養士の有資格者である坂井さんからアドバイスがもらえるようになったのですから、鬼に金棒です。

もっとも、味に関しては、私からアドバイスを求めない限り、ふたりとも一切口を出さずにいてくれました。「変なものをつくらないことはわかっているから」と、私を信じて任せてくれたんです。ふたりの信頼に応えようと味づくりにも一層熱が入り、開店前の2ヵ月で美味しさを精一杯磨きました。この2ヵ月での味の進化、洗練のさせ方にふたりは驚いていたそうで、「今後も味づくりには余計な口を挟まないようにしよう、本人の好きにさせておいたほうがいいものができるだろう」と決めてくれたんだそうです。

ラーメン屋開業資金として私が用意したのは、330万円。そのうちの大半は惣菜調理のアルバイトで稼ぎました。高校2年生から4年と少し続けて、200万円ほどを貯めていたんです。

あとは、母が開業前に「あなたのだから」と渡してくれたお金が80万円くらいありました。私が生まれたころからのおこづかいやお年玉をずっと預金してくれていたんです。さらにバイトAKB時代の「時給1000円」を貯めておいたぶんもあわせ、手持ちのお金

項目	金額（単位：円）	詳細
物件取得費	800,000	元居酒屋の居抜き物件
食材	300,000	
什器	800,000	開業時に購入したのは、炊飯器、作業台、冷凍庫、茹で麺機、スープレンジ、追加の流し。ほかの什器は居酒屋時代のものを流用
内装	300,000	カウンター席と厨房の間のすりガラス、手水鉢、照明
看板	500,000	店舗上と店舗横の大型看板ふたつと、駐車場の小型の看板ひとつ
広告費	100,000	新聞折込広告費
雑費	150,000	飲食店営業許可申請の申請料や、キッチンペーパー、ゴミ袋、ユニフォームの購入費など
予備資金	350,000	水道光熱費や家賃など、開店後の運転資金
計	3,300,000	

八雲大和店の開業資金内訳

をありったけかき集めた330万円でした。

開業資金の内訳は「八雲大和店の開業資金内訳」の表をご参照ください。

あとから知ったことですが、ふつう、ラーメン屋の開業には居抜きでも大体600万円くらいはかかるらしいです。私はその半分ほどしか用意できませんでしたから、なんとか予算内におさめられたのは本当にラッキーでした。

とはいっても、開業時に資金不足からあきらめたことや、開業後に発覚した設備の不具合については、開業後に少しずつ改修やグレードアップを行いました。衛生面を考えて厨房の壁のクロスをステンレスにしたり、店舗の構造が熱がこもりやすいものだったので夏の暑さ対策にエアコンやサーキュレーターを追加購入したりした費用も合わせると、開業資金にプラスで40万円くらいかかっています。

開業時は、什器《じゅうき》のうち冷蔵庫やテーブルなどは、前に入っていた居酒屋のものを流用しました。居酒屋の経営者だった方が「もう飲食店はやらないから、処分するのも大変だし使ってほしい」と什器をほぼそのまま残してくださったので、使えるものはすべて使わせていただいたんです。

新たに購入したのは茹で麺機や冷凍庫、作業台などですが、飲食業界に人脈のある尾崎さんに「茹で麺機がほしい」などと伝えると、付き合いのある中古の業者さんから安価で購入してくれました。

内装も居抜きを生かしてそのまま使えたところが多いので、改修費を30万円に抑えられました。主な改修内容は、テーブル席の真ん中に手水鉢《ちょうずばち》を置いて和の雰囲気を強めたことと、厨房とカウンター席の間に目隠しのすりガラスを入れたこと。

私がラーメン屋を食べ歩いた際、厨房とカウンターの距離が近くて仕切りがないお店では、カウンター席に座るとお店の人からの視線が無言の圧力のようで気になって、ラーメンを食べづらく感じていたんです。特にひとりで行くと入店したときに店内の視線が一瞬自分に集中しますし、食べているときも何かと視線を感じてしまい、結局その後、その店に入りづらく感じてしまっていました。

私の理想のラーメン屋は「女性ひとりでも気軽に行けて、くつろいでラーメンを食べられるお店」。自分の店を理想の店にするためには、目隠しは絶対に必要だと思い、すりガラスを入れました。

店内、店外のライトもこだわったポイントです。店内に元からあったライトは角度を変えられないものだったので、天井にある装飾の竹がライトの光を遮《さえぎ》ってしまい、テーブルにラーメンを置いた際に影ができて、見た目をいまいちにしてしまっていました。角度を変えられるライトにつけ替えて、ラーメンをテーブルに置いた際に美しく美味しそうに見えるように、光がテーブルに当たる角度を調整しました。食事は五感で味わうものなので、

「見た目が美味しそう」というのはとても重要ですから。

店外にはもともとライトがなかったのですが、それでは夜間に店が営業しているのかどうかがお客様にわかりづらく、来客につながりません。店外にも新しくライトを設置して、ライトアップした看板で夜間に店の前を通るお客様にも営業中だとアピールできるようにしました。また、入り口のドアのガラス部分にはくもり加工が施してあったのですが、外から中の様子がよく見えないとお客様は入りにくいだろうと思い、くもりをとって透明にし、中を確認してから入れるように変更もしました。

このように準備資金は相場よりはかなり抑えられたのですが、本来なら用意しなければいけない、人件費までは用意できませんでした。いまでこそ笑い話ですが、もし立ち上げで失敗して店を早々に畳《たた》むような展開になっていたら、坂井さん、尾崎さんにはお給料を払えていなかったんです……。

幸い、開店後の客足が順調だったので最初の月からふたりにはお給料を出せましたが、もしお客様が来てくれていなかったら……いま振り返ると、本当にギリギリの予算でした。承知のうえだったとはいえ、そんな状況で立ち上げをがんばってくれた坂井さんと尾崎さんには心から感謝しています。

店舗立ち上げ準備②　〜近隣店調査・宣伝・メニュー〜

開店準備を始めてすぐにわかったのは、坂井さん、尾崎さんの人選が大正解ということでした。

たとえば、飲食店の開業には「食品衛生責任者」の資格が必要ですが、尾崎さんはこの資格をもっていました。坂井さんに至っては管理栄養士の資格をもっているので、食品衛生責任者の資格は自動的に付与されたというのですから、必要十分すぎる頼もしい布陣《ふじん》です。

そのうえ尾崎さんは、前職の食品関係の会社時代の人脈が豊富でした。什器の購入や外装・内装の工事にはいろいろな業者さんとのやりとりが欠かせませんが、私は何から手をつけたらいいのかわからない状態。尾崎さんに相談すると「こういう場合はここが安くていいよ」などと教えてくれたうえに、やりとりなどもすべてお任せできました。おかげで私は不慣れなやりとりに消耗《しょうもう》せず、店の全体の方向性を決めることやラーメンの味づくりに専念できたんです。

経験のない私が下手に口を出さないほうがいいだろう、と思ったうえでの「業者関係は尾崎さんにお任せ」でしたが、結果的に費用も時間も大幅に節約できました。

また、近隣のラーメン店やファミリーレストランなどの来客数や客層を調査して分析することを提案して、実行もしてくれるなど、私にはない戦略的な視点で物事を見てくれていたのもとても頼もしく思いました。

坂井さんも、国家資格の持ち主で専門的な知識を身につけていたうえに、保育園での給食調理経験もあって調理の腕も確かでした。「ホールをやりたい、ラーメンには詳しくないから盛り付けから勉強したい」と自分からどんどん動いてくれましたし、私がついメインのラーメンにばかり気を取られてしまうところを、「サイドメニューはこうしたらいいんじゃないかな」「ここに野菜を入れると、緑が映《は》えてぐっと美味しそうに見えるよ」などと一歩引いたところからアドバイスをくれました。

坂井さんは３人の中では一番数字に強いので、経理関係もお任せできましたし、大学時代に学んだPhotoshopのスキルで、店のメニューや掲示物、チラシなどの制作も一手に引き受けてくれました。私が「こういうふうにしたい」とイメージを伝えると彼女が形にしてくれて、ラミネート加工までしてくれるので、いまでも店内の掲示物はほとんど坂井さんが制作してくれています。

何より彼女は年齢が近く、同じ「元アイドル」ということもあって、私の気持ちや考えを言わなくてもわかってくれるところがありました。ついこの間まではただの知り合いだった人なのに、いつの間にか、私の一番の理解者なんじゃないかと思い始めていたんです。

漠然《ばくぜん》と「食に詳しい人」と思って誘ったふたり。開店準備の2ヵ月は、予想をはるかに超えるふたりのポテンシャルに驚き興奮する日々でした。

「もううまくやっていける気しかしない！」

私に欠けているものは、ふたりが補《おぎな》ってくれる。このふたりといれば無敵、絶対大丈夫。そう思える仲間に出会えた私は、トラブルらしいトラブルもなく、開店の日を迎えられたのでした。

第4章

店主は20歳、「八雲」立つ！

オープンから客足は上々！

２０１７年９月23日土曜、大安吉日。私のはじめての店、八雲が神奈川県大和市にオープンしました。

ありがたいことに、客足は上々。開店前に「チラシ持参の場合はラーメン１杯５００円」という１週間有効な折込チラシを新聞に入れた効果が大きく、初日から１週間以上続けて行列ができる盛況《せいきょう》ぶりでした。

初日の来店者だけでおよそ１８０人。高座渋谷駅から徒歩５分という立地から、目標杯数を１日１００杯としていましたから、大幅に上回ることができたんです。

チラシの割引期間が過ぎても、客足はほぼ毎日１２０人を超えていました。営業時間中にもかかわらずスープが足りなくなってしまい、店を閉めることもたびたびありました。

開店当初はまだ味が安定していなかったこともあり、店側からは折込チラシ以外の積極的な宣伝はしていませんでしたが、客足はふしぎと途絶えませんでした。熱心なラーメン好きの方が「新しいラーメン屋が高座渋谷にできるらしい」と口コミを広めてくれていたらしいので、その効果かもしれません。ラーメン屋といえば、新規開業したうち半数近くが1年以内で廃業するともいわれる厳しい業界。最初の1週間が山だと思っていたので、「これなら大丈夫かもしれない」と手応えを感じました。

一時期、八雲の客足が1日100人を割ってしまうことが続いたのですが、このときは尾崎さんが事前に近隣店の客足を調査・分析してくれていたのが役に立ちました。有名なラーメン雑誌の特集で近所にあるラーメン店が入賞したため、客足がそちらに流れていることがすぐにわかったのです。八雲の客足が減ったぶん、近所のラーメン屋さんの客足が伸びて行列ができていました。

客足が落ちた原因がわかっていたこと、また八雲はまだ味が安定していないため「いまは宣伝に力を入れる時期ではない」と相談してあったことから、このときは特に慌《あわ》てず静《せい》観《かん》することができました。そして3～4ヵ月ほど経つと、客足はまた八雲に戻りました。

このように、開業した当初から常に安定した客足をキープできたのは、八雲の「家族みんなが美味しく食べられるラーメン」「落ち着く和の雰囲気の店」というコンセプトが、地元の方々のニーズに合っていたんだと思います。

高座渋谷駅一帯は住宅街で人口も多く、店の近くには幼稚園や公園もあって、家族連れ

を孫も年齢構成も、年齢構成も多く、家族連れが多く、特に土日は特に家族連れが多く、

の外食ニーズが高いエリア。八雲のお客様も土日は特に家族連れが多く、年齢構成も孫をつれた年配の方から若いご夫婦まで多彩でした。小さなお子さんから高齢の方まで、誰でも美味しく食べられる味、くつろげる店を目指した結果、地元の方々に受け入れてもらえて、リピーターになってもらえたのかなと思います。

また、店舗の目の前に人気のクリニックと薬局があったことにも助けられました。駅からやや離れていて家賃が抑えられるわりに、通院の方々で人通りが絶えないので、アイドルタイムといわれるお客様が減る時間帯でも、店内がガランとすることがなかったんです。

しかも、このクリニックの先生が八雲のラーメンのファンになってくれて、診察後の雑談などで、お客様に八雲を勧めてくださっているそうなんです。

「向かいのラーメン屋さんは、美味しいよ」

私もお客様から「先生に勧められて気になったから、食べに来たんです」と教えてもらってはじめて知ったのですが、「地元の人に愛される店にしたい」という願いが叶っているようで、とてもうれしくなりました。

1店舗経営時の1日のスケジュール

八雲1店舗のみを経営していたころの、私の1日のスケジュールをご紹介します。ラーメン業界あるあるですが、1店舗のみでも労働時間はどうしても長くなってしまいます……。私はおかげさまで体力には自信があるので、元気に働けていました。

●3時30分ごろ　起床

●4時〜7時　味噌・醤油だれと麺をつくる

店舗とは別に借りた仕込み用の場所で、味噌・醤油だれと麺をつくります。大切なたれと麺のレシピは誰にもひみつにしていたいので、開業当初から現在まで、ずっとひとりでつくっています。

●7時　SNS投稿、配達

仕込みがいち段落したら、Twitterをチェック。毎朝「今日も皆様ステキな1日を」とあいさつのツイートをしています。このころは、いただいたコメントにも、できるだけリプライをしていました。

私がSNSをチェックしている一方で、尾崎さんが製造場所に出勤。たれと麺を店舗に配達してもらいます。

●8時〜10時　店舗に出勤、開店前の仕込み

坂井さん尾崎さんと3人で手分けして仕込み作業。昼の部（11時〜15時）用のスープと、味玉やチャーシューなどのトッピングをつくります。時間に余裕があれば、味の微調整など研究も行います。

●10時〜11時　開店準備

ホールの清掃や消耗品の買い出しなどを手分けして行います。

●11時〜15時　昼の部営業

八雲は昼の部と夜の部の二部制。

営業中は坂井さんがホールと洗いもの、尾崎さんがスープ、私が麺と盛り付けとレジを担当します。私は一番動き回るポジションで厨房と客席を行き来し、店全体に目を配ります。

●15時〜17時　休憩、夜の部営業準備

私はここで仮眠をとらせてもらいます。坂井さんと尾崎さんは休憩をとりつつ、2回目のスープづくりなど夜の部の準備をします。

●17時〜22時　夜の部営業

●22時〜22時30分　閉店後の片付け、会議もしくは帰宅

何か問題点が見つかった日は、3人で近所のファミリーレストランなどへ行き、会議をします。開業当初は課題が多かったので、ほぼ毎日会議をしていました。

●0時　就寝

店をオープンして半年くらい経ったころに、30万円ほどする高級マットを買いました。「人は生きているうちの3分の1を寝て過ごす」ということで、「それならいいベッドにしよう!」と思ったんです。立ち仕事なので、1日の終わりに腰に疲れを感じることもあったのですが、このマットで寝るようになってからは朝起きると治るようになりました。

味を日々進化・神化させる

ラーメンづくりでは材料の組み合わせも大事ですが、各材料の配分も重要。調味料を1cc変えるだけでも味は変わるので、私は何かを1cc増やしたらほかのものを1cc減らすように心がけています。何かを足すこと、足し算ばかりしていると、自分がどの味を一番伝えたいのかがわからなくなってしまいますから。

素材の味を楽しんでもらうためには、なるべく少ない調味料で素材の味を引き出すことが大事なので、「足した分はちゃんと引く」という引き算を念頭に、みんなが美味しく食べられるラーメンを目指して、微調整をくり返してきました。

たとえば味噌だれは、オープン時はちょっと足し算をしてしまいがちだったので、味噌味が濃い目でした。途中から引き算を意識して、濃さを抑えるようにバランスの調整をしていくうちに、美味しさがどんどん進化していきました。

でも、味噌だれができたらそれで味噌ラーメンが完成するわけではありません。そこで、次にお客様に提供するときの、たれとスープを合わせる工程を見直したんです。

キッチンの火力のところでも触れましたが、八雲では味噌だれとスープを合わせるときには中華鍋を使い、高い火力で一気に合わせて乳化させています。このとき、たとえば中華鍋を10秒火にかけると、煮詰まって味がしょっぱくなってしまうことに気がつきました。

「味噌だれの美味しさを一番引き出せるのは、何秒火にかけたときだろう？」「混ぜるのは何回くらいがベストだろう？」

考えながら試作をくり返しました。火にかけているときの、混ぜる回数も決めるのに時間がかかりました。混ぜすぎると、味が分散してしまうんです。一番風味のいいところが飛んでしまうので、必要最低限の回数に抑えて、火にかける時間も乳化させる最低限に、なるべく短くしました。

ほかにもたれや麺を熟成させる日数や時間、寝かせる温度、寝かせて何日目が美味しいか、などを何度も変えて、ベストを追求してきました。

麺づくりでこだわったのは、時間が経っても伸びないようにすること。ラーメンをあえて時間をかけて食べてみたときに、食べ始めと食べ終わりで麺の味が大きく変わってしまうのを感じて、「こんなに変わってしまうのでは、猫舌《ねこじた》の方や食べるのがゆっくりめの方に申し訳ないな」と思ったのがきっかけでした。

「最後の一口まで美味しく食べられる麺にしよう」

麺の加水率を上げたり下げたりするなど、自分なりに調整して、いまの時間が経っても味が変わりにくい麺になりました。

「私は食べるのが遅くて、ほかの店のラーメンは最初は美味しくても途中から味が落ちてきて、だんだん食べるのが辛くなってしまうんですが、八雲さんのラーメンは最初から最後まで美味しく食べられました！」

と、お客様からは、こんなふうに言っていただけるようになりました。

もちろん、麺の味自体にもこだわっています。麺の出来がいいと、茹でる前の生麺の状態で、もう香りとさわり心地がちがうんです。

麺は気温や湿度によっても調整を加えます。「去年のいまの時期はこのくらいだったな」と過去にとったメモを参考にして、なるべく味にブレが出ないように、そのとき一番の完成系のレシピを日々の気温や湿度に合わせて調整しています。

開業当初は、10代のころに買った小型の製麺機を使っていましたが、1度につくれる麺が少なくて作業が大変だったので、オープン3ヵ月後くらいに新しい製麺機を買いました。

開店前の試作時代は自分と身近な人の反応しか頼りにできませんでしたが、八雲開店後はお客様の反応を観察しています。やっぱり味には好みがあるので、いろいろな人に食べてもらわないと、万人が食べて美味しいラーメンはつくれません。調整を加えたあと、麺を完食するのはもちろん、スープまで全部飲み干してくださるお客様の割合が増えれば、「ヨシッ！」と内心ガッツポーズ。そのレシピには「いままで一番」とメモしています。

味の進化を支えてくれたお客様の声

オープンして最初の頃は、Twitterなどで八雲のことを検索してみると、ラーメンの味に対して「こんなもんか」「もっとこうしたほうがいいと思うけどね」といった感じの、やや否定的なツイートが多かったんです。もちろん「美味しかった」という肯定的な反応も、直接のお声がけやツイートでたくさんいただいていたのですが、当時はつい否定的なツイートにばかり目がいきがちでした。「店を開いたら、否定的な感想ももらうだろう」と覚悟してはいましたが、いざ本当に言われてみると、つくりあげてきた自分の味を否定されたように感じてしまって、少しショックではありました。

お店を開いて最初の数ヵ月は否定されると気になって反応してしまって、たとえば「塩ラーメン、ちょっとしょっぱすぎ」というツイートを見つけたら、すぐにしょっぱさを抑えた配合に変えていました。

でも、意見を反映させてみたら実際に味がよくなることも多々あって、「このほうが確かに美味しいかも」と否定的な意見も前向きにとらえられるようになっていったんです。「否定した人も納得するような味をつくって、また来てもらえるようにしよう」

調整を重ねて味を進化させていくうちに、味を否定するようなツイート自体が減っていきました。同時に私の感じ方も変わってきて、否定的なツイートを見つけても「まあ味覚は人それぞれだしな」と思うようになっていきました。

開店から1年経つころには、お客様に何か言われたからといってすぐに味を変えることもなくなり、「八雲の味」はほぼ完成しました。

味噌ラーメンは、八雲の看板メニューで真骨頂《しんこっちょう》。北海道味噌と信州味噌５種類をブレンドした、芳醇《ほうじゅん》な味わいを楽しめる自慢の一品です。

塩ラーメンは、黄金《こがね》色に澄《す》み渡る清湯《チンタン》スープの旨味をあますことなく味わえるのでぜひ一度は口にしていただきたいラーメン。たれは使わず、沖縄県産のミネラル豊かな塩のみでスープの旨味を引き出しています。スープの出汁《だし》がしっかり出ているからこそ、塩を入れるだけでキレのある深い味わいが楽しめます。

醤油ラーメンには、岩手県産非加熱熟成醤油を使用。醤油本来の甘味を生かした味がお子様に大人気ですが、「醤油の香りが鼻に抜ける感覚がクセになる」と大人のお客様からも好評をいただいています。

「この味を東京でも出してみたい」

そんな思いが、日々強くなってきました。

売れ行きは絶好調

ラーメンの値段は、開業当初は1杯750円に設定していました。味噌・塩・醤油の3種類共通の値段です。立地や経費などを考慮して決めたのですが、私は当時、値段のつけ方についてはど素人。どのくらいの金額が適切なのか、尾崎さんに教えてもらいながら決めました。

原価率は38%で、粗利《あらり》は62%でした。ラーメン屋の原価率は30%が目安とされていますから、自分で言うのもなんですが良心的な価格設定。原価率が高めで利幅《りはば》が薄いぶんは、トッピングやサイドメニューで補う戦略にしました。

幸い、私がつくった味の系統はほっこりと優しい系の味でした。そのまま食べて美味しいのはもちろん、いろいろなトッピングを楽しめるタイプ。たとえばトッピングにおろしニンニクを加えてもくどくならず、味もぼやけずに美味しいスタミナラーメンにできるので、ニンニクやバターなど各種トッピングをそろえて、バリエーションのあるメニュー構成にできました。

もし、もっと濃い目でパンチの効いた系統の味だった場合、トッピングを入れると味がくどくなってしまうので、ラーメン単体の売り上げだけで勝負しなければいけませんから、ラーメン１杯をもう少し高い価格にする必要があったと思います。

増税と本店出店のタイミングでラーメンは７８０円、８００円と2回値上げしましたが、味の追求を続けていたので研究用の材料費がかさんでいたぶん、原価率はほぼ変わっていないか、むしろ上がっていると思います。

売り上げ目標は１日８万円でしたが、うれしいことに平均して12万円ほどを売り上げていたので、達成率は１５０％くらいでした。開業当初は雨の日や夜に客足が落ちることもありましたが、ならせば必ず黒字でした。

開店当初から売り上げが絶好調だったおかげで、「これなら2店舗目も出せる」という手応えを感じていました。開業準備段階では人件費を用意できていませんでしたが、社員ふたりのお給料は最初の月からきちんと出せていましたから、２店舗目出店に向けて人を増やしても大丈夫だろうと思えたんです。私のお給料も最初の月から確保しようと思えばできなくはなかったのですが、つい味の研究費や店舗の設備費を優先してしまっていました。

基本的に、店舗が増えたいまも正社員のお給料にはあまり差をつけていません。もちろん長く働いてくれている方のことは考慮していますが、私自身「店長だから」と特別多くお給料をもらってはいないんです。私としては、自分がお給料をたくさんもらうより、そのぶんを味の研究や設備費など店をよくするための経費に回したい一心でした。

ちなみに私の私服は、ほとんど地元のショッピングモールでそろえています。なんといっても安いですし、お値段のわりに品質がいいので重宝しています。もっと高い価格帯の服を買えないわけではないのですが、「ファッション＜食」という図式が自分の中でははっきりしているので、安くて品質がいい服があるならほかを選ぶ気にならないんです……。「元アイドルとしてはどうなのかな」と自分でも笑ってしまうくらい、物欲とか着飾ることへの欲が薄いんです。

一応経営者ということもあって、まわりからはときどき言われます。

「たまにはブランドものの服を着たら？　○○とかが似合うんじゃない？」

でも、ブランドにもうとくて、ブランド名を言われても全然わからないんです……。おそらく興味がないから耳を素通りしてしまって、覚えられないんでしょうね。

仕事で横浜などに出たとき、時間があいたとしても、足が向くのは結局気安く入れるお店です。やっぱり私は、コスパのよい服が好きみたいです。

ラーメン体験を「トータルプロデュース」する

いまは週1日の休日は休養にあてていますが、開業したころは坂井さん、尾崎さんを誘って3人でラーメン屋さんめぐりをしていました。ほかの店の様子やラーメンの味などを観察してはそれぞれのやり方で分析して、八雲の味やサービスの改善に役立てていたんです。

なんでも3人で相談して、それをどんどん店に反映させて結果を出せることが、休みなく働くのも苦にならないくらいに楽しいことでした。

私と坂井さんには「元アイドル」という共通点がありましたが、尾崎さんは年齢も性別もバックグラウンドもちがいます。私は負けず嫌いの職人気質で「これ」と決めたら猪突《ちょとつ》猛進《もうしん》、坂井さんはお客様とのキャッチボールが上手で愛嬌《あいきょう》たっぷりだけど意外と発言はスパイシー、尾崎さんは厳しいビジネスマンタイプと思いきやオフではおはじけ気味とギャップがある人。3人の個性はかなりバラバラなのですが、ふしぎと調和したいいチームになっていました。

なぜだろう、と考えたとき、3人ともラーメン屋を「トータルプロデュース」するという視点で考えられているからかも、と思いました。

トータルプロデュースというと、アイドルとラーメン屋って、似ているところがあるんです。

アイドルは、かわいい女の子がひとりいればそれでアイドルとして成り立つ、というわけではありません。お客様がいないところでパフォーマンスしても、ただのその子の自己満足ですし、お客様がいたとしても、もしその女の子が「私は顔がかわいいんだから、それだけでいいでしょ」とボサボサの髪にすっぴんでみすぼらしい格好をしていたら、どんなにいいパフォーマンスをしたとしてもお客様はなかなか楽しめないと思います。衣装やメイク、照明、音響などすべてがそろって、はじめてステージが成立し、そこでアイドルがいいパフォーマンスをするから、お客様の中で感動が生まれるんだと思うんです。

ラーメンも同じで、たとえばラーメンがなんだかうす汚れた器にグチャグチャに入っていたら、いくら店の人に「味は美味しいから、食べてみて！」と言われても、口にしたいとは思えないですよね。ラーメンも麺やスープ、具材が美味しければそれでいいわけではなくて、盛り付けや器、店構え、スタッフの接客などがある程度の水準に達していなければ、お客様はラーメンの味を楽しめないと思っています。店構えや清潔さ、スタッフさんの対応や盛り付けなどがすべてそろっていれば、お客様は安心してラーメンを口にできますし、そのラーメンが美味しければ感動も生まれる。店側が、お客様が店に入ってからラーメンを食べて帰るまでの時間を居心地よくトータルプロデュースすることで、はじめてお客様は心から満足できると思うんです。

私たちは３人ともラーメン屋で働いた経験がありませんでしたが、この認識は全員が最初からもっていました。私と坂井さんは若いうちにアイドルとしてステージに立って、お客様とコミュニケーションを交わしたことで自然と身につきましたし、尾崎さんは飲食関係の社会人経験が長いのでそこで身につけたんだと思います。

じつは、これは稀有《けう》なことだったと最近になって気づきました。ふたりは私のはじめての仲間だったので、私はつい、この認識は誰もがもっているもので、もっていて当たり前なんだと思っていました。でも、新しく雇った社員さんや、フランチャイズのオーナーさんのうちでこの認識をもっていた人の割合は、驚くほど少なかったんです。このあたりのお話は、またあとの章で。

作業のマニュアル化を進めた「スープ消失事件」

相談ごとは大体、3人で行う会議で話し合っていました。もし何か課題や反省点が見つかると、その都度、3人の誰かが「会議しよう」と言い出すんです。会議は八雲の営業終了後、片付けを終えてから近くのファミリーレストランなどへ移動して、リラックスして行うことがほとんどでした。

最近でこそ会議を開く回数は少なくなりましたが、開業当初はほぼ毎日開いて、3人で問題を共有しては解決策を探っていました。営業時間中はとてもゆっくり話してはいられないので、この会議が大事なコミュニケーションの場でもあったんです。

たとえば問題の例として、スープの量が足りなくなっていたことがありました。八雲の昼の部は11時から15時までの営業でしたが、開業当初は途中でスープがなくなってしまい、14時くらいで閉めることも多かったんです。せっかく足を運んでくださったお客様には申し訳ないですし、店としても売り上げを逃すのはもったいないこと。

でも、開店前の仕込みの時間には毎日、昼の部用スープとして十分に足りるはずの10

0杯分をつくっていたんです。「おかしいぞ？」と来客者を数えてみると、大体90杯前後、ひどい日ですと80杯ほどを出したところでスープが足りなくなっていたことが判明しました。

開店前に仕込んだときには、確かに100杯分あったはずのスープ。開店から数時間の間に、10～20杯分ものスープは一体どこにどうやって消えたんでしょう？

3人で頭をひねっていたのですが、よくよく突き詰めていくうちに、スープを火にかけていた時間にたどりつきました。スープの鍋を火にかける時間が長すぎて、10～20杯分もの水分が蒸発してしまっていたんです。出せる杯数が少なくなれば、その分原価も上がってしまいます。火にかける時間を遅らせて、お客様に提供する時間ギリギリにスープができあがるようにしてみたところ、提供できる杯数が10～20杯分増えました。

この件をきっかけに、3人で相談して、作業のマニュアル化を進めていきました。スープ以外の作業手順もマニュアル化ができておらず、「これができたら次、次ができたらその次」と手当たり次第に作業を進めてしまっていたことを反省して、作業の手順をすべて見直して、それぞれの最適な時間を測りました。ストップウォッチを使い、茹で麺機のスイッチを入れる時間は何時がベストか、といった細かいところまで洗い出して、八雲全体のオペレーションのマニュアルを整えていきました。マニュアル化には開店から2年くらいかかりましたが、おかげでその後新しく人を雇っても、感覚に頼らず数字を指定して教えることができました。

また、開店当初は私が広報全般や材料関係の業者さんとのやりとりを担当していたのですが、途中から男性の尾崎さんに引《ひ》き継《つ》いでもらいました。残念なことに、私が女性だということで、仕事上のやりとりの中に私へのプライベートな質問が入ってきたり、仕事で関わりのある方からナンパのようなメッセージが届いたりなど、通常業務に支障をきたすようなことが多発していたんです。無用な時間とトラブルを避けるため、いまでも外部とのやりとりはすべて男性スタッフをとおして行うようにしています。

「元アイドル」の宣伝効果はいかに……？

2018年の2月ごろ、私はTwitterアカウントのプロフィール欄で元アイドルであることを公表しました。

なぜ公表したかというと、宣伝効果を期待してのことでした。やっぱりまずは興味をもってもらってラーメンを食べてもらわないことには始まりませんし、自分が元アイドルであることを隠す気もなかったので、公表しても問題ないと思ったんです。

「せっかく人の興味を引ける経歴があるのに、使わないのはもったいないんじゃない？」と坂井さんに言われ、そのとおりだなと思いました。

このころはまだ味の試行錯誤期でしたが、ある程度は自信がもてていました。

「たとえ『元アイドルがつくったラーメン』と色眼鏡《いろめがね》で見られたとしても、ラーメンを食べてもらえば大丈夫。味で評価してもらえるはず」

そう思い、公表に踏み切りました。

実際、元アイドルと明かしたあと、客足は目に見えて伸びました。もともとの来客数が１日１２０～１４０人くらいだったところに、プラスで20～40人くらい。メディアから取材依頼も来て、宣伝効果は期待どおりに高く出ました。

新しく来てくださったお客様からは「最初は『元アイドルがラーメン屋!?』と気になって来たんだけど、食べてみたら美味しかったから、また来たいと思えた」なんて言ってもらえましたし、リピーターになってくださった方もたくさんいます。

ただ、「元アイドル」と広く知られるようになると、困ったことも起こりました。店の前で私の出待ちをする人が現れたり、店のゴミ箱を漁られたりしたので、対策として店の外にも防犯カメラを設置しました。

また、「元アイドルなのを売りにしているだけで、本人はラーメンをつくっていない」という憶測だけの軽薄な誹謗中傷も始まりました……それについては第6章で。

「お客様」から「八雲のファン」へ

お客様からの反応は、直接言っていただくのとTwitterのツイートと、半々くらいでした。

「Twitterの場合、食べたメニューの写真が付いていればなんとなく「あ、あの人かな」とわかります。私はお客様の顔と注文内容、座った席、来店時間帯をざっくりと覚えているので、写真に写っているメニューと写り込んでいるテーブルなどを見れば「たぶん、14時ごろにカウンター席にお通ししたサラリーマン風の若い男性だな」などと見当がつくんです。

なので、次に来店してくださった際にはこちらから「この間、うちのラーメンの感想を

「Twitterにあげてくださってましたよね。褒《ほ》めてくださってありがとうございました」などと伝えています。そうすると、お客様の顔がパッと明るくなるんです。それを喜ばれて、その後リピーターになって通ってくださるお客様も多くいらっしゃいます。

お客様の顔は、さすがに１００％は覚えられないのですが、何回か来てくださった方はほぼ覚えています。自分が客としてラーメン屋に行ったとして、たとえばネギが嫌いな場合、「ネギ抜き」と言わなくてもネギ抜きのラーメンが出てきたら、うれしいですよね。

自分から言わなくても自分の好みにしてもらえる、認知されているってうれしいことだと思うので、私はなるべくお客様の顔と好みを覚えて「いつものでいいですか？」と言えるようにしているんです。そうするとお客様も喜んで、リラックスして食べてくださるし、「また来るね」と気持ちよく帰ってくださるので。

これは特に意識せずに自然にやっていました。ホールを効率よく回しつつお客様の満足度を高めるためには、お客様の人数や食べるペースなどを把握する必要があるので、その延長でできていたのだと思います。

いっしょに働くスタッフからは「店長はそんなにお客様の顔や好みを覚えられて、凄いですね！」と褒められるのですが、やればお客様に喜んでもらえること確実ですから、私としては正直みんなにもやってもらいたいのですが……なかなかむずかしいようです。

最近、こんなことも言われました。

「店長はお客様をファン化できている、ＬＴＶが凄い」

ファン化というのは、ふつうの客（消費者）に期待を超えるサービスを提供して、よりつながり度合いの高い顧客（ファン）に育てることをいうそうです。ファン化した顧客は商品をリピート購入してくれるので、利益率が大幅に上がるとか。

ＬＴＶは「Life Time Value（顧客生涯価値）」の頭文字を並べたもので、ひとりのお客様から得られる価値の指標、だそうです。

言われてみれば確かに当てはまるように思いますが、正直私はそこは意識しておらず、ただ「お客様に喜んでいただきたい」と思ってやっているだけです。そう思い、実行していることで、結果がついてきているのかなと思います。

心の師の奥様、佐野しおりさん

私の心の師、佐野実さんのお店「支那そばや本店」にはじめて行ったときのことは忘れもしません。佐野さんの動画を見て、佐野さんのラーメンに対する想いを知ったうえで食べた、支那そばやのラーメン。口にした瞬間、衝撃が走りました。

佐野さんの人生が、１杯のラーメンにつまっていました。

「これが集大成か」

佐野さんのことをよく知らないころに、新横浜ラーメン博物館に出店していた支那そばやのラーメンを食べたときは、ただ「美味しい！」と満足して終わりでした。

でも、数年経ったあとに支那そばや本店で食べたラーメンは、同じはずなのに全然ちがいました。佐野さんがラーメンにかけた情熱、使う素材のひとつひとつにこだわり抜いて全国を行脚《あんぎゃ》して、魂を注ぐようにラーメンをつくった佐野さんのストーリーを知ったうえで食べたら、もう……言葉にならないくらいに美味しかったんです。

あとはもしかしたら、佐野さんを知る前よりも私のラーメンづくりのスキルや味覚の鋭さが高まっていたから、佐野さんのラーメンからより多くを汲みとれるようになっていて、以前より美味しく食べられたのかもしれません。

それから少しあと、２０１８年6月5日のこと。私はTwitterで、支那そばや本店でラーメンを食べた感想をツイートしました。

「支那そばや本店　戸塚　醤油らぁ麺　８５０円　佐野実さんが人生をかけて作りあげたこの一杯を味覚で味わうのはもちろん全身で堪能してきました。とにかく洗練された本当に美味しい醤油ラーメンでした、最後まで夢中で食べ続けて完食してきました、ごちそうさまでした！」

するとなんと、佐野さんの実娘である佐野《さの》史華《ふみか》さんから「父が聞いたら喜びます」とリプライをいただいたんです。

そして次に本店に伺ったときに史華さんにごあいさつしたところ、「母が事務所にいるのでよかったら」と佐野さんの奥様、佐野しおりさんに引き合わせていただけたんです……！

しおりさんは、佐野さんを生前から公私にわたってサポートされていたのはもちろん、佐野さんが亡くなったあと、支那そばやと佐野さんが経営されていた食品卸会社を娘の史華さんとともに引き継いだ方。私にとっては心の師の奥様であり、現支那そばや代表という敬愛してやまない存在です。

なんとしおりさんは、私のことをご存じでした。私を紹介した記事などを読んで、「女性店主はごくごく少ないから」と喜んでくださっていたそうなんです。

このときはしおりさんから佐野実さんの貴重なお話を伺えて、本当に幸せな時間を過ごすことができました。その場に居合わせた人によると、私は目をキラキラ輝かせて、ずっと前のめりでしおりさんのお話を伺っていたそうです。

支那そばやの麺で100食限定ラーメン「淡麗八雲」販売！

佐野しおりさんにお会いしてすぐに、私はお願いしました。

「支那そばやさんの麺を使わせていただきたいです、醤油ラーメンで！」

佐野さんがつくりだした繊細な麺に合わせるならば、「八雲の真骨頂」として売りにしている味噌よりも、醤油だろうと考えてのことでした。

確か、はじめてお会いしたときか、次にお会いしたときにはもうお願いしていたと思います。その際居合わせた人は私の突然の申し出に「ラーメン界の超大物を相手に、若造が急に何を言い出すんだ!?」と驚いていたそうです。

でも、しおりさんは快《こころよ》く了承してくださったんです！

もううれしくて、すぐに夢中で支那そばやさんの麺に合わせた醤油だれをつくりました。そして7月13日、支那そばやさんの麺で、支那そばやさんの麺に合わせてつくった八雲流淡麗系醤油ラーメン「淡麗八雲」を１００食限定で販売。しおりさんにお会いしてから1ヵ月ほどでの急展開でしたが、好評につき完売しました。

限定ラーメンを食べたお客様の反応は上々でした。支那そばやさんといえばラーメン界でも頂点に君臨する人気店ですから、「やっぱり支那そばやの麺は美味しいね」とお客様も喜んでくれたんです。

また、「あんな超有名店とよくコラボできたね」という驚きの反応もいただきました。確かに、まだ八雲を開店して1年も経っていませんでしたから、支那そばやさんと比べたら知名度も実力も、天と地ほどの開きがありました。そんなときでも麺を使わせていただくことを了承してくださったしおりさんの懐《ふところ》の深さには、本当に感謝しかありません。

1年半後の２０１９年12月には、２回目の限定ラーメンの販売も実現しました。支那そばやさんが冬季限定で出していた味噌ラーメンを食べたときに、「佐野さんの麺の場合、このくらい味噌を抑えれば美味しさが伝わるな」と思ったのがきっかけです。

「八雲イチオシの味噌でも、ぜひ支那そばやさんの麺を使用したいです！」

また私からしおりさんにお願いして了承をいただき、支那そばやさんの麺に合わせた味噌だれをつくりました。味噌は醤油や塩と比べると味が強いので、八雲の味噌だれを支那そばやさんの麺の味が活きるように調節しました。

1日50食限定で販売した限定ラーメン「支那そばや雲の味噌らぁめん」は、お客様から「支那そばやの麺に味噌がからんで、よく合う。美味しい！」と喜んでいただけました。

しおりさんとはお会いして以来、ずっと親しくお付き合いしています。佐野実さんは生前に、よりよい食材を求めて日本全国を行脚されていましたが、しおりさんも付き添っていっしょにまわられていたので、材料のことをぜんぶご存じなんです。

「佐野が生前にこだわっていた北海道美瑛《びえい》産の小麦粉『春よ恋』、まゆかも使う？」ですとか、「岩塩と海塩を使い分ける理由」などといろいろな情報を教えてくださるし、ラーメン業界には少ない女性だというのでかわいがって守ってくださる。私はそんなしおりさんを実の母のように慕っているんです。

そんなしおりさんは私の体調をいつも気遣ってくださって、お会いすると必ず手を見られます。「最近どうなの？」と言いながら私の手を取ってスリスリして、手荒れをチェックしてくださるんです。ラーメン屋という仕事柄、どうしても手が荒れてしまうのですが、しおりさんに優しく「無理しちゃだめだよ」と言われると、きちんとケアしていつも元気なところをお見せしたいなと思います。いまは寝る前に皮膚科で処方してもらった薬を塗って、手のケアもがんばっています。

店をブラッシュアップして、東京進出へ

八雲の経営は順調で、チーム体制も万全。味も完成してきていました。

「東京に出店するときがきた」

そう判断した私たちは、２０１８年10月に八雲東京本店を開店すると決め、神奈川県大和市の1号店を「八雲大和店」として経営しつつ、本店開業の準備を進めていきました。

その準備のひとつとして、正式な店名を「札幌ラーメン 八雲」から「麺匠八雲」に変更し、商標登録しました。「八雲」はすでにおそば屋さんで商標登録されていたため、一般的な名称の「札幌ラーメン」をつけただけでは商標権侵害になってしまうと判明したからです。

そして、新しい店名「麺匠八雲」の筆記を書家の方にお願いし、東京本店の看板に使うことにしました。看板は店の顔ですから、絶対にいい顔にしたいという思いからでした。

そこで、いろいろ調べた中から、書家の、岡西佑奈《おかにしゆうな》さんに依頼しました。岡西さんは国内外で多くの賞を受賞し、フランスのユネスコ大使公邸でライブパフォーマンスを行うなど国際的に活躍されている方。力強さと繊細さをあわせもった書に惹かれました。それに同じ女性ということで親近感も覚えました。きれいでかっこいい女性、自分の好きなことをして生きている女性に、つい惹かれてしまうんです。

また岡西さんの個性を生かしてほしかったので、あまり細かい注文はせずに店名を書いていただいたのですが、最初から素晴らしいものがいただけて、さすがの一言でした。岡西さんの筆による店名が入った八雲本店の看板ができたときは、「この看板を見れば、ますますがんばれちゃう！」と興奮しました。ちなみに大和店には入り口に岡西さんの書をプリントしたのれんを、店に入ってすぐ左手に直筆の書を額装《がくそう》したものを掛けました。

このころ、店で使う丼もオリジナルデザインのものに替えました。開業時は資金に余裕がなかったので市販の丼を使っていましたが、丼はラーメンの見た目の印象を決定づけるうえに、保温という大事な役割も担うので、本当はもっとこだわりたかったところ。陶器職人さんに依頼して、2種類の丼をつくってもらいました。

味噌ラーメン用の丼は、白と茶色が混ざり合ったあたたかみのある美濃《みの》の雪志野《ゆきしの》焼き。白は「八雲」の雲を、茶色は大地をイメージしています。内側がすり鉢《ばち》状になっているのがほかにはない特徴の器で、厚みをもたせて、水分量が少なめで冷めやすい味噌のスープも熱々に保てるようにしました。

塩ラーメンと醤油ラーメン用の丼は、味噌とは逆に薄めに仕上げて、水分量が多く冷めにくい塩と醤油のスープも食べやすくしました。澄んだスープの美しさを引き立てるように白磁《はくじ》の白を生かし、丼の上部に八雲の店名と雲の絵をあしらったのみのシンプルなデザイン。

どちらの丼も、型からつくって仕上げていただいたこだわりの逸品《いっぴん》です。

また、本店オープンの2ヵ月前には、八雲の公式サイトを公開しました。店の広報やメディア対応を考えると、問い合わせフォームのある公式サイトは絶対に必要だと思い、制作を進めていたんです。このサイトの「八雲」ロゴにももちろん、岡西佑奈さんの書のデータを使っています。

じつは開業1年目は、テレビからの取材依頼は断っていました。理由は、まだ味が安定していなかったから。未完成の段階でテレビに取り上げられてしまうと、テレビ効果でお客様が大勢いらっしゃったときに、未完成の味が「八雲の味」として広がってしまいますから、それを避けたかったんです。でも、もう味には自信がありましたから、本店出店後はテレビの取材依頼も受けていこうと相談して決めました。

本店出店準備や本店オープン後の混雑を考えて、大和店の体制も整えました。寸胴鍋《ずんどうなべ》など店内の器材で古くなっていたものを新しく買い直したり、水回りなども修繕したりして店全体を使いやすいように見直しました。寸胴鍋は、スープの味に少し違和感を覚えたので「もしかして、鍋が古くなって劣化したせい？」と気になって変えたのですが、新品に変えたところスープの味が元どおりになったので、判断が正しかったとわかりました。

また、社員さんをひとり新しく雇って、私が本店に行って不在になっていても、店をまわせる体制にしました。この社員さんはお客様として八雲に食べに来てくれて、「美味しかったので働きたい」と言ってくれたのですが、オープン当初からいてくれた坂井さん、尾崎さんとはまたちがう点でチームに貢献してくれました。八雲のやり方を尊重しつつ、いい意味で自分がやりやすいようにアレンジして働いてくれたんです。

たとえばオーダーをとおすとき、メニュー名を全部言っていたものもあったのですが、この方が「このメニューは、この部分だけ言えば伝わるんじゃない？」と指摘してくれて、略称で言うケースが増えました。細かいことですが、長いと言うのも大変ですし、言われたほうも覚えにくいので、毎日の積み重ねを考えるとかなりロスを防げます。オーダーは、いかに短くして記憶しやすくするかが大事ですから。

私たち3人は全員ラーメン屋で働いた経験がなかったのですが、この新しい社員さんはラーメン屋も経験していたので、その経験を活かしていたのでしょう。この人が来てくれたおかげでその経験を取り入れられて、ラーメン屋としてのベースが厚くなったように思います。

この社員さんは残念ながら家庭の事情でいまはもう辞めてしまいましたが、八雲によいスパイスをくれました。

下町情緒の堀切菖蒲園

東京に出す本店の物件は、大和店のある神奈川県大和市と同じような住宅街を中心に、尾崎さんに探してもらいました。大和店同様に地元の人に愛される店にしたかったので、繁華街や観光地は避けたかったんです。

東京都葛飾区《かつしか》堀切《ほりきり》にある現店舗が見つかったのは、２０１８年８月ごろ。最寄りの京成《けいせい》電鉄堀切菖蒲園《しょうぶえん》駅周辺は飲食店も多く活気がありますが、数分歩けば、下町情緒《したまちじょうちょ》が感じられる住宅街が広がっています。駅名にもなっている花菖蒲《はなしょうぶ》の名所・堀切菖蒲園は６月になると約６０００株の花菖蒲が見ごろを迎え、観光名所として多くの人でにぎわうものの、シーズン以外では地元の人が憩《いこ》う静かな庭園。落ち着いたいい場所だなと思いました。

現店舗となった物件は駅から歩いて2～3分ほどの、飲食店エリアと住宅街エリアのちょうど間くらいに位置している3階建の建物です。もともとラーメン屋が入っていた物件なので、1階のカウンター席と厨房は席数も広さもラーメン屋にうってつけ。2階を座敷に改装すれば家族連れのお客様がいっしょに座れるところ、そして3階を事務所や社員さん用スペースとして使えるところもいいなと思いました。私には大和店の経営もありますから、東京本店はいずれ新しい社員さんに切り盛りしてもらおうと考えていたので、社員さんが気持ちよく働ける環境を整えておきたかったんです。

見学に行ったその場で「こんなふうに改装したらいいかな」などと相談を始めてしまったくらい、トントン拍子で話がまとまりました。

大和店の外装・内装は、限られた予算の中ではありましたが、私のイメージしていた「落ち着いた和の雰囲気のラーメン屋」を実現できました。本店では大和店の路線を継承しつつ、さらに洗練させて、外装も内装も、日本らしい造形美、木の繊細で優しい美しさを生かしたものにしようとこだわりました。特に外装は木材を大胆に使ったお気に入りです。

私の好きな和のテイストについては、よく「年齢のわりに渋い」と言われます。でも、子どものころから「金閣寺よりは銀閣寺が好き」という嗜好《しこう》で、寺社《じしゃ》の侘《わ》びた雰囲気に包まれると落ち着くというタイプでしたから、私にとっては自然なことなんです。

カウンターと厨房の間には、大和店と共通で目隠しのすりガラスを入れました。やっぱり本店も「女性ひとりでも安心して食べに来られるラーメン屋」にしたかったので、お客様が視線を気にせずラーメンに集中できるつくりにしたんです。

1年越しの家族の理解

家族の大反対を押し切って大和店をオープンしたあと、私は家族に対して特別なことは何もしませんでした。ただ、毎日家に帰って顔を合わせたときは、「今日はお客様がこれくらい来てくれたよ」といった話をなるべくしていました。

「店はうまくいっているよ、何も心配いらないよ」

反対されたのも、私を心配してくれるからこそ。だから、好きなことを仕事にしているいま、私は大丈夫だと伝えたかったんです。そんな私の気持ちが伝わったのか、家族からの反応は、ゆっくりとあたたかいものに変わっていきました。

「お店をやりたい」と打ち明けてから1年が経つころ、両親がはじめて店に来てくれました。ただラーメンを食べて、「美味しかったよ」と帰っていっただけでしたが、心の中の重荷を下ろせたようでホッとしたのを覚えています。

私が料理好きになったのは、料理上手な母のお手伝いが楽しかったから。鮮やかに野菜を切りさばく母の包丁がうらやましくて、10歳の誕生日プレゼントには自分用の包丁をねだるような子どもだったんです。セラミックの子ども用包丁を買ってもらって、喜び勇んでキャベツの千切りにチャレンジするような私に、母はいつも、そのときの私にちょうどいい難易度のお手伝いをやらせてくれました。おかげで私は、興味をもったらなんでもつくってみよう、失敗してもチャレンジを続ければできるようになる、と自然に思える人間に育ちました。

父も末っ子の私には甘くて、厳しく叱られた記憶はほとんどありません。私が高校の料理研究部でお菓子づくりに精を出すようになり、家でチーズケーキをつくってふるまったときには、「甘いものは苦手なんだけど、まゆかのつくったケーキは美味しいね。これなら食べられるよ」と喜んで食べてくれました。

「好きなことをしなさい」とのびのび育ててくれたふたりの子どもに生まれていなければ、こんなにラーメンに情熱を注いで店を開いて、好きなことをして生きるなんてできなかったんです。

一方で、あのとき親の反対を押し切り、やりたいことを貫いたことによって、自分の中で「間違いなかったんだ」という認識をもてました。そして、このとき自分のすることに自信をもてるようにもなりました。

両親に続くようにして、姉たち3人もそれぞれ仕事帰りなどに店に寄ってくれるようになりました。

家族仲はいいのですが、照れくさいので、反応の変化についてきちんと聞いたことはありません。でもたぶん、みんなは私のラーメンへの本気度を認めてくれたのかなと思います。毎朝家を４時前に出て仕込みをして、帰るのは深夜という毎日が続いていましたから。

こうして大切な人たちからは優しく見守ってもらえるようになり、私は晴れ晴れとした気持ちで本店オープンの日を迎えることができたのでした。

第5章

22歳で多店舗経営！快進撃の裏側で

麺匠八雲本店、オープン！

２０１８年10月17日、晴れて東京に麺匠八雲本店が開店しました。

店舗のある葛飾区堀切は荒川《あらかわ》のほとり、東京の中では東の端のほうに位置するエリアで、江戸時代から花菖蒲の名所として有名なところ。いまは下町情緒あふれる住宅街で、最寄りの京成線堀切菖蒲園駅の周りには飲食店がひしめいています。八雲本店はオープン後、「たくさんあるラーメン屋のひとつ、その中では人気があるほう」といった位置づけに私の認識としては落ち着きました。

お客様は徒歩圏内にお住まいの方が中心ですが、大和店の評判がよかったおかげで多くのラーメン好きの方にも足を運んでいただけました。大和店に来てくれていた東京在住のお客様が「家の近くに八雲ができてうれしいよ、これからはこっちに食べにくるね」と言ってくださることもあり、やはり都内に店を出してよかったと改めて思いました。

本店は味にも店のつくりにも自信をもってからの、満《まん》を持《じ》してのオープンだったので、好意的な反応が多く経営は順調でした。

ただ、慣れない２店舗経営は、思っていた以上に大変でした。本店開店から２週間ほど経ったある日、休憩時間に製麺をしていたときに、急に意識を失ってしまったことがありました。

「仕込みの量が2倍になったぶん、がんばろう。まだいける！」

そう思って自分の体調不良に気づかずにいたのですが、慣れない環境に体は悲鳴をあげていたようです。

私が夜の部の営業時間になっても店に現れないことを心配したスタッフが様子を見に来てくれたところ、倒れている私を発見。朦朧《もうろう》として口が開いていて、額《ひたい》からは汗が大量に出ていました。すぐに意識は戻りましたが、自力では立てず熱も出ていたので、その日の夜の部は休ませてもらい家に帰りました。

幸い解熱剤を飲んで寝たら治ったので、次の日から働きましたが、この件をきっかけに自分のスケジュールを少し見直しました。仕込みはどうしても人任せにしたくなかったので、自分の作業効率をあげようと考え、以前なら次の日に回していた作業もなるべく前倒しでやるようにしました。品質に影響が出ないように注意しつつ、まとめてつくれるものはまとめてつくり、体を休ませる時間を捻出《ねんしゅつ》するようにしたんです。

その甲斐《かい》あって体調を整えられ、時間もつくれるようになった私は、翌2019年にフランチャイズ契約を結び、さらに新しい店舗を経営することにしました。八雲の味をより多くの人に食べていただけるように、多店舗展開を始めたのですが……、我ながら走り出したら止められないタイプなんです。

八雲の味を広めよう

2019年4月、東京の大森《おおもり》と神奈川の相模原《さがみはら》に、麺匠八雲のセカンドブランド「煌龍《きりゅう》軒《けん》」をオープンしました。各店舗のオーナーさんとフランチャイズ契約を結び、味については私が監修。昭和レトロな昔懐かしいラーメン屋さんをコンセプトにした店舗で、八雲の味を食べていただこうという試みでした。

煌龍軒を出した理由は、八雲の味をさらに広げて、もっとたくさんの人に食べてほしいと思っていたから。大和店と本店、八雲2店の経営が順調で知名度も上がっていたので、多店舗展開に積極的な気持ちだったんです。

私は煌龍軒では「昭和のラーメン屋」というコンセプトに合わせて、淡い青の着物に白い割烹着姿《かっぽうぎ》で働いていました。相模原店には最低でも週1回は顔を出して、昼の部だけ働いて八雲に戻ったり、夜の部は20時くらいまでいて「あとはお願いします」とオーナーさんにお任せしてあがったり。

大森店は、オーナーさんが「自分でがんばりたい」という意向だったので、オープンのときに手伝ったあとはオーナーさんにすべてお任せしていました。

煌龍軒の経営も両店ともに順調で、客足は八雲よりは少ないものの安定していました。「たくさんの店で、たくさんの人に、私のつくったこの味を食べてもらえている」

各店をまわる忙しい毎日も、これを思えば苦にはなりませんでした。

多店舗経営時の1日のスケジュール

八雲2店と煌龍軒2店を経営していたころの私のスケジュールをご紹介します。経営する店舗が増えたぶん仕込みの量も増えて、朝の仕込みの時間が倍になりました。

●3時30分ごろ　起床

●4時〜10時　味噌・醤油だれと麺をつくる

大和店1店舗だったころは毎朝の仕込みは3時間ほどで終えていましたが、5〜6時間かかるようになりました。仕込みには集中力がいるので、さすがに「ふう」と息をもらすこともありましたが、毎朝7時ごろにTwitterで朝のあいさつをつぶやく習慣は変えませんでした。

●10時30分〜11時　八雲大和店に出勤、スタッフと開店準備

私は基本は八雲大和店に勤務しつつ、日によっては八雲本店や煌龍軒にも顔を出していました。

●11時〜15時　昼の部営業

八雲も煌龍軒も、昼の部と夜の部の二部制でした。

●15時〜17時　休憩、夜の部営業準備

私はここで仮眠をとらせてもらうか、翌日分の仕込みを前倒しでやるようにしていました。

スタッフさんたちは休憩をとりつつ、2回目のスープづくりなど夜の部の準備をします。

●17時～22時　夜の部営業

大和店の人手が足りている日は20時くらいにあがらせてもらって、翌日分の仕込みをしたり、休ませてもらったりしていました。

●22時～22時30分　閉店後の片付け、会議もしくは帰宅

経営する店舗が増えても、何か課題が見つかれば坂井さん、尾崎さんと3人で会議。対面での会議がむずかしい場合は、グループLINEを使って相談していました。

●0時　就寝

翌日に備えて早く帰らせてもらった日は、0時前に寝るようにしていました。

多店舗経営のむずかしさ

多店舗展開にあたり、新しく社員さんを雇いました。まずは八雲大和店に1人を雇い、私が不在でも大和店を回せる体制を整えてから、八雲本店をオープン。その後さらに4人を雇って、八雲本店は新しい社員さんだけでも回せるようにしました。店舗が増えて、私が仕込んだ麺とたれを各店に配送してもらうだけでも社員さん1人がほぼ1日がかりになっていたので、増員は不可欠でした。

この大幅増員については、いま振り返ると、忙しさのなかで社員教育に目が行き届かなかったという反省があります。

ときに、新人さんだけでホールをまわすことが増えてくると、八雲のTwitter公式アカウントや公式サイトの問い合わせフォーム宛に、お客様から苦情をいただくようになってしまったんです。

いただいた苦情は、たとえばこういったものでした。

「○月×日の○時ごろ、そちらにラーメンを食べに行きました。届いたラーメンに注文したトッピングのワンタンが入っていなかったので、店員さんに伝えたところ、ワンタンを入れてはくれましたが謝罪もなく、さらに会計の際ですらワンタンの件に一言もありませんでした。反省の気持ちが感じられず、がっかりしています。以前から通っていますが、前はこんなことはありませんでした」

店側のミスが申し訳ないのはもちろんですが、ミスをしたあとのお客様への配慮を欠いていた結果、二次クレームとなってしまったことがいけません。誠意が伝わる対応ができず、お客様は苦情を店に送るほどに感情を害されてしまったのです。

苦情といっても、丁寧に長文を書いて細やかに伝えてくださる方が多く、「前はこんなことはなかった。好きなお店だったから悲しい」という趣旨の言葉も目立ちました。八雲を愛しているからこその苦言、と伝わってきて心苦しかったです。

「多店舗展開は、見直すべきかもしれない」

そう考えるきっかけになりました。

苦情が増えてしまったことは重く受けとめて、主に3つの対策をとりました。

●社員研修をして、接客時の対応を指導する

新人の教育体制を整えられていなかったと反省。たとえミスをしてしまったとしても適切な対応をして二次クレームを起こさないように、接客の基本を丁寧に指導するようにしました。

●何かあればグループLINEで対策を考え、店舗での指導に反映させる

私と、坂井さん、尾崎さんの3人で集まって会議ができればベストなのですが、大和店1店舗だったころのように毎日会うことがむずかしくなっていました。時間をあけずに対策が取れるよう、会えない場合はグループLINEで情報を共有して対策を考えるようにしました。

●特定の社員宛の苦情をいただいた場合、日報で本人に反省点をあげてもらう

社員さんに日報を書いてもらうことは八雲本店オープン時から開始しました。社員さん本人に振り返りをうながして、反省点と今後の改善策をあげてもらい、再発を防ぐ

ようにしました。

3人での会議はグループLINEで行うことが増えていましたが、多店舗展開についても議題にあがっていました。

煌龍軒を出したころは「この調子で店舗を増やしていこう」という気持ちもあったのですが、実際に複数店舗を運営してみて、気づいたことがありました。

「八雲は、多店舗展開型ではないのかも」

八雲と煌龍軒オーナーさんとの間には、味や店づくりへの気持ちに温度差があったんです。

私たちは味や店づくりへのこだわりが強いので、フランチャイズのような、盛り付けや接客などをオーナーさんに任せるやり方は合わないのではないか。八雲でつくったマニュアルを提示しても、オーナーさんにそれをきちんと実践してもらえなければ、せっかくこれまで築いてきた八雲への信頼まで損なわれてしまう。細部まで目の行き届く店舗数にして、質の高いサービスを提供したほうが、お客様にも喜ばれるし、八雲のブランド価値も高まるのではないか。

私はつい気持ちだけで突っ走ってしまいがちですが、坂井さんと尾崎さんはビジネス的に考えるタイプ。ふたりとも、私よりも視野が広くて冷静で、厳しいこともしっかり言ってくれます。

「店長、煌龍軒には八雲ほど気持ちが入っていないでしょう?」

指摘されたとき、私は「そんなことない!」と、即答……できませんでした。

レシピは宝物、人には教えない

ラーメン屋を開いてみて、「人にレシピを教えない」というのはかなり大事だと思いました。

私の場合、弟子入りをせず独学で開業しましたから、レシピは人に教わったものではなく、ひとりで毎日試作を重ねてつくりあげた宝物。この宝物を人に教えてしまうなんて、私にはとても考えられません。

レシピを誰にどこまで明かすかは店によってちがうと思いますが、八雲と同様に「スープのレシピは教えても、味の肝《きも》になるたれはひみつ」という店は多いと思います。

これまでに社員さんを募集したとき、来てくれる人の多くが「いずれは独立して自分のラーメン屋をもちたい。店を開く準備として、まずはこの店で働きたい」という方でした。

でも八雲では、採用面接の際に必ずレシピは明かさない方針について伝えています。

「うちで働いても、身につけられるのはスープの味だけです。仕込みの場所は店とは別にしていますから、たれと麺のレシピはもし『学ぼう』と思ったとしても、学べません」

それでもいい、働きたいという人だけを採用しているのですが、実際に働いたあとに「思っていたよりも仕事がキツいから、辞めます」と言われることもあるんです。

「いや、この程度でキツいなら、自分の店をもつなんて絶対できない……」と内心では思うのですが、そこは人それぞれ。言っても仕方がありませんから、「ちょっと合わなかったですかね」と円満に送り出すようにしています。

でも、そういうふうに短期で辞めていった人の中には「うちの味を盗みに来たんだろうな」と感じる人もいました。働いて調理工程を見れば盗めると思ったのに、私が店の厨房ではたれをつくらず、レシピのヒントになるようなことを店でしゃべることもまったくないので、「これは盗むのは無理だ」と判断して早々に辞めたんだろうな、と。もし私がうかつなことをしていたら、その人は私のレシピを覚えたうえで店を辞めて、私の味を真似た自分の店を出していたんだと思います。

私はひみつにしたいレシピに関わる話は、坂井さん、尾崎さんとさえも一切していません。仲間を信頼することはもちろん大切なのですが、たとえ信頼する仲間であっても、レシピは明かさない。仲間への信頼、チーム体制を重んじる気持ちと、自分でつくり出した味に誇りをもつ職人としての判断は分けて考える。そういう合理性も、経営者には求められると思います。

「素顔」を見せた写真展開催

八雲本店でレジに立っていたときのことです。

「じつは私こういう者です」

お会計のお客様から、名刺をいただきました。お名前は、藤里一郎《ふじさといちろう》さん。アーティストのＭａｙ Ｊ．さんのコンサートツアー・オフィシャルフォトグラファーとして活動するなど第一線で活躍されている写真家さんで、八雲のラーメンが大好きなんだそう。何度か通ううちに店を調べ、私が店主で元アイドルだと知って驚いたんだそうです。

その日声をかけてくださった理由は、なんと私の写真を撮って写真展を開きたいという申し出のためでした。

「ラーメン屋さんの店主の写真展なんていままでないし、ぜひ撮らせてください！」

最初は何を言われているのかわからず、ポカンとしてしまいました。写真展だなんて、それこそアイドル時代にもやったことがありません。でも、確かにラーメン店主の写真展なんて前代未聞《ぜんだいみもん》です。興味をそそられる人も多いかもしれない。その中には、八雲のラーメンを食べに来てくださる方もいるかも……！

「やってみたいです」

こうして開催が決まった写真展のタイトルは、「素顔」。撮影にあたり、藤里さんからはこう言われました。

「厨房を隠していたら、素顔じゃないよね。どこか隠しているよね」

そう、このときまでは雑誌などの取材でも厨房内はカメラＮＧにしていました。厨房での姿はこれまで公に見せてこなかったので、見られるのは恥ずかしいし、調理工程も見せたくなかったんです。でも、この写真展という機会にオープンにしようと決意。撮影では、厨房で中華鍋を振るう姿など、ラーメン職人としての私の素顔も撮っていただきました。

撮影は最初は緊張してしまいましたが、3日かけて撮影するうちにだんだん慣れてきて、最終日には本当に素の顔になれました。藤里さんに撮っていただいた22歳の私、すべてが宝物です。

写真展は2019年6月29日から7月7日までの開催でした。

会場は、八雲本店2階の座敷席。入場無料、1階で注文はせずに2階の写真展だけに入るのもOKとしたところ、本当にたくさんの方にご来展いただけました。藤里さんのファンの方も大勢いらして、「写真を観ていたらラーメンを食べたくなっちゃった」と1階でラーメンを食べて、「美味しい!」と八雲のファンになってくれた方もかなりいらしたんです。

写真の販売も行いましたが、写真の売り上げ1日ぶんがその日のラーメンの売り上げを上回るほどだったのには驚きました。私のことを応援してくださる方がこんなにいるんだな、とありがたかったです。

写真展を機に厨房を公開したことで自信もつきましたし、藤里さんの最高に素敵な写真で私という人間の素顔を伝えることができて、またひとつ新しいステージに上がれたような出来事でした。

富田治さんとつけ麺、人生を変えた出会い

２０１９年7月30日。この日は私にとって「つけ麺記念日」といっても過言ではない１日。はじめて千葉県松戸《まつど》の「中華蕎麦とみ田」さんに行き、店主富田治《とみたおさむ》さんのつけ麺を味わった記念すべき日なんです。

中華蕎麦とみ田といえば、業界最高権威のラーメンランキング本で大賞を４連覇、殿堂入りを果たした名店です。つけ麺といえば必ず名前があがる超有名店ですが、私は初訪問。じつはこの日まで、つけ麺にはあまり興味がなかったんです……。でも、この日食べた富田さんの麺が、そんな私の価値観を変えてくれました。

「つけ麺って、こんなに美味しいんだ」

特に感動したのは、麺でした。麺だけ食べても美味しい、麺がこんなに美味しいってどういうことなの……!?

あまりの美味しさに、私はもう「この麺を使ってつけ麺をつくりたい。私がつけだれをつくって、八雲で出してみたい」ということしか考えられなくなっていました。

つけ麺を食べ終えたあと、富田さんに「はじめまして」とごあいさつをして、名刺交換をしたその場でさっそく頼んでみました。

「富田さんの麺を使って八雲で限定麺を出したいです！」

「はい、ありがとうございます」

あっさり了承がもらえました。

このときその場には富田さんを紹介してくださった業者さんや、ほかのラーメン店の店主さんなどもいたのですが、全員すっかり面食《めんく》らっていたそうで、あとからいろいろと言われました。

「いきなり富田さんに何を言い出すんだと思ったら、富田さんも即ＯＫされていて、もう理解が全然追いつかなかったんですが」

「パーンといったらポーンと返ってきた感じ」

「申し出るほうも申し出るほうなら、引き受けるほうも引き受けるほうですよ」

「梅澤さんと富田さんって、似たもの同士なんじゃ……？」

あとから知ったことですが、富田さんは「支那そばや」代表の佐野しおりさんとお付き合いがあり、しおりさんから私の話を聞いて「応援したい」と思っていてくれたんだそうです。

限定麺の相談のために2回目にお会いしたとき、富田さんは私の荒れた手を見てこう言ってくださいました。

「本物の手だね」

出会ったばかりの若輩者《じゃくはいもの》の私を、認めてくださった。そう思えて、うれしさで震えました。

中華蕎麦とみ田×麺匠八雲、限定麺発売！

中華蕎麦とみ田の麺に合う美味しいつけだれをつくるため、富田さんからいくつかアドバイスをいただきました。

富田さんは、「この醤油がいい」「あのみりんはいいんだけど、ちょっとパンチが弱い」などと材料のことをいろいろと教えてくださいました。

ただ、私が担当するつけだれの具体的なつくり方については、一切教わっていません。

富田さんは私が聞いたことには答えてくださったのですが、私は富田さんに弟子入りしたわけではありませんから、つくり方までは聞かないようにしたんです。

でも、富田さんの麺を使わせていただくからには、つけだれの味で麺を殺してしまうようなことがあってはいけない。私はつけだれの味づくりをちゃんとやらなければ、と決意しました。

限定麺発売は8月24日から。私と富田さんがはじめてお会いしたのが7月30日ですから、準備期間は1ヵ月もありません。富田さんに教えていただいた材料をあれこれと試して、はじめてのつけだれづくりに没頭しました。麺の盛り付けは、YouTubeの動画を見て勉強です。これまでも味づくりは独学してきたとはいえ、つけ麺をつくるのははじめてでしたから、勝手がわからずなかなか思うようにはいきません。「富田さんの名に恥じないものを出さねば」という気合いだけを頼りに奮闘する毎日でした。

中華蕎麦とみ田の麺を使用した限定つけ麺は、8月24日と25日に八雲大和店で、8月31日と9月1日に八雲本店で提供しました。

限定麺発売期間中もお客さんの感想を聞きつつ試作を重ねていたので、この4日間の味を食べ比べたら、毎日味がちがったと思います。右肩上がりに成長していたので、4日目が一番美味しかったのではないかと。もちろん、期間中はずっと徹夜でした。

限定つけ麺を食べたお客様からは「美味しかった」と言ってもらえたのですが、いま思うとリップサービスもあったかもしれません。先日、私のつけ麺屋「沙羅善」で出しているつけ麺を食べてくださった八雲常連のお客様から、「昔出た限定つけ麺とは、比べものにならないくらいに美味しいね」と言われてしまいました……もちろん、このときは素直にうれしかったです。

何度も店に通って感想を伝えてくださるようなお客様は、私が日々試行錯誤を重ねて味を進化させていることを、私が発信するSNSなどからよくご存じなんです。

こういうお客様は、味の変化も私の成長としてあたたかく見守ってくださるありがたい存在です。たとえば、もしいらした日に出したラーメンの味が好みではなかったとしても、「いまいちだ、もう食べに来るのはやめる！」とはならないんです。

「以前より○○が美味しくなってるね！」

そんなふうに細かく教えてくださって、そして私ががんばってよりよい味を出すと「また美味しくなった」と喜んでくださるんです。いいものを出せば必ず伝わる、そう信じられるから私もますます味を進化させたくなりますし、こんなふうにお客様とのコミュニケーションから生まれる信頼関係があるからこそ、私も新しいことにどんどん挑戦できるんです。

そして、富田さんの麺を使ってつけ麺をつくり、私は気づいてしまいました。

「つけ麺づくりって、楽しい……！」

ラーメンからつけ麺へ、新しいステージに進むときが近づいていました。

YouTubeでも漫画でも、ラーメン大好き！

この本を読んでくださっている方は、YouTubeの大人気チャンネル「ＳＵＳＵＲＵ ＴＶ．」をご覧になったことがあるでしょうか？　チャンネル登録者数９１・５万人、動画再生回数約4億６７００万回（２０２1年3月現在）を誇る、ラーメン好きの方から絶大な支持を得ているラーメンレビュー動画配信チャンネル、それが「ＳＵＳＵＲＵ ＴＶ．」。ラーメンユーチューバーのＳＵＳＵＲＵさんが、日本全国でラーメンを美味しく食べては毎日レビュー動画を配信しているチャンネルです。

ＳＵＳＵＲＵさんは、八雲大和店にも来て味噌ラーメンを食べてくださったんです。２０１９年９月21日、開店から1年目のときに「めちゃ若アイドル店主！まゆか店長のラー

メンをする 麺匠八雲【飯テロ】ＳＵＳＵＲＵ ＴＶ．第１４１６回」が配信されました。

ＳＵＳＵＲＵさんと私はこの撮影が初対面でしたが、ラーメン大好き同士すっかり意気投合。ＳＵＳＵＲＵさんに、私の大好きな支那そばやさんをご紹介することになりました。

9月23日、私がＳＵＳＵＲＵさんを先導して、当時新横浜ラーメン博物館に出店していた支那そばやさんにラーメンを食べに行く回、「【夫人出演】遂に!ガチンコラーメン道で観ていた憧れのラーメンをすする 支那そばや【飯テロ】ＳＵＳＵＲＵ ＴＶ．第１４１８回」が配信されました。

前半ではＳＵＳＵＲＵさんと私が支那そばやさんの塩らぁめんを堪能する様子、後半からは支那そばや代表である佐野しおりさんも登場されて、厳しくも愛のある言葉でＳＵＳＵＲＵさんを激励される様子が楽しめます。この回でしおりさんは、私に「長くラーメン屋を続ける秘訣」を伝授してくださいました。しおりさんを前にしたときのＳＵＳＵＲＵさんのたじたじぶりと、しおりさんのあたたかで懐深いお人柄のコントラストが最高なこの動画、ぜひご覧になっていただきたいです。

そしてなんと、ＳＵＳＵＲＵさんは翌２０２０年には私の新しいつけ麺のお店、沙羅善にも来てくださって、つけ麺をこれまでにないほど大絶賛してくださったんです。

2020年11月5日配信の「ラーメン界の新女王！超ハイクオリティつけ蕎麦をすする中華蕎麦 沙羅善【飯テロ】SUSURU TV．第1827回」では、この本の第7～8章でご紹介する沙羅善の様子が見られますので、こちらもご覧いただけたらうれしいです。

SUSURUさんとはプライベートで食事会をするなど、交流が続いています。ラーメン好き仲間で集まってワイワイしているので、個人的に話す感じではないのですが、いつもみんなでラーメンの話をして盛り上がっています。

「まゆか店長、漫画家の鳴見《なるみ》なる先生ってご存じですか？ 凄くきれいな方なんですよ」

SUSURUさんとお話ししていたときに名前が出たのが、漫画家の鳴見なる先生。代表作の『ラーメン大好き小泉さん』はドラマ化、アニメ化もされた大人気漫画です。

クールな美少女小泉さんがラーメン愛をほとばしらせて、さまざまなラーメンを食べて食べて食べまくる、読んでいるとラーメンを食べたくなること請《う》け合いの作品。私はなかなか時間がなくて、ラーメン漫画はあまり読めていないのですが、『ラーメン大好き小泉さん』は楽しんで読んでいます。出てくるラーメンがどれもすべて美味しそうで、「漫画でこんなにラーメンの美味しさが伝わるんだ」と感動しました。

SUSURUさんに紹介していただいて鳴見先生と食事をご一緒したのですが、先生の記憶力のよさには驚きました。鳴見先生は個人的に八雲大和店に1度来てくださっていたそうなのですが、高座渋谷駅から八雲までの道の様子を正確に詳細にあげられるんです。「高座渋谷駅はこっちにショッピングモールがあって、駅をこう出て八雲に向かうと道のこちらにはスーパーがありますよね」といったふうに、いまその道に立っているかのようにおっしゃるので、「えっ、もしかして高座渋谷駅近くにお住まいですか!?」とびっくりしました。漫画家さんには1度見た風景を写真のように記憶できる能力があるのでしょうか……凄い方だなと感じました。

YouTubeも漫画も、それぞれのアプローチでラーメンが盛り上がっていて、いちラーメン店主としてとてもうれしいなと思っています。これからもおふたりとは、いい交流を続けていきたいです。

ラーメン屋店主に、まさかのご褒美!?

２０１９年10月中旬、東京の八雲本店にはテレビカメラが入っていました。ＴＢＳの人気番組「爆報！ＴＨＥフライデー」で、「元アイドルの梅澤愛優香が、今やラーメン店４

店舗の経営者に！」と取りあげていただけることになったんです。

これまでにも深夜番組やローカル番組のテレビ放映は経験していましたが、この番組はゴールデンタイム、金曜夜7時からの地上波放映です。

「たくさんの人が見てくださるだろうから、『八雲のラーメンを食べたい』と思ってもらえるようにがんばらなくちゃ！」

仕事の合間にいただいた台本を読み込んで、張り切って撮影に臨みました。

3日にわたった撮影の最終日。

事前にいただいた台本には、この番組のパネラーであるお笑いコンビ、アンガールズの山根《やまね》良顕《よしあき》さんがサプライズで登場、と書かれていました。でも、撮影スタッフさんたちは前の2日よりも明らかに緊張感をもって動いていて、私に何か隠している様子です。

「なんでこんなにバタバタしているんだろう……？」

ですが、私も撮影の段取りを覚えるのに必死でした。ギリギリまで台本を読み込んでいたため、あまり心構えもしないままに「サプライズ」の訪問客を待っていたんです。

いよいよそのとき、ドアが開くと……そこには私の憧れの人、篠田麻里子さんが立っていました。

「え？　え？」

「全然山根さんじゃない」

「本物のまりこ様だ！」

思いが千々《ちぢ》に乱れるなか、気づけば私の目からは涙があふれていました。

篠田麻里子さん、まりこ様は私にとって特別な人。２０１３年にＡＫＢ48を卒業されたので、２０１４年に私がバイトＡＫＢに入ったときにはお会いすることは叶いませんでした。

私がまりこ様の大ファンだと知った番組スタッフさんの、「憧れの人に会わせてあげよう」という最高のサプライズ。私は感極《かんきわ》まってしまい、なかなか泣きやむことができませんでした。

まりこ様が八雲のラーメンを食べる様子の撮影は、八雲本店２階の座敷で行われました。

まりこ様は忙しいなか来てくださったので、本来はラーメンに口をつけるところを撮影したら、すぐに撤収する必要があったんです。でも、まりこ様は私のラーメンを「美味しい！　麺がモチモチしているね」ともりもり食べてくださいました。マネージャーさんが「もう行かないとヤバいよ」と言っているのに「いや美味しいから」と残さず食べてくださって……本当に優しい方でした。

収録日は10月で、私の誕生日10月20日がもうすぐでした。するとこの日、まりこ様は座敷のテーブルの下から素敵な花束を出してプレゼントしてくださったんです。

「まゆかちゃん、お誕生日おめでとう！」

もう幸せ指数が限界を突破して、その場で昇天しそうでした。

まりこ様はほかにも私にいろいろと話しかけてくださって、手書きのお手紙もくださったのですが、私は胸がいっぱいで、お返事もなかなかままならなくて。「うれしくて言葉にできない」ってこういうことなんだな、と体感しました。

これまでがんばってきたことへのご褒美みたいで、いまでもこのときのことを思い出すと幸せで顔がニヤけてしまいます。間近で見たまりこ様はかわいくて優しくて、ますますファンになってしまいました。

本当に、ラーメン屋をやってよかった！

2019年12月6日に「爆報！THEフライデー」が放映され、憧れのまりこ様に会えて号泣する私の映像が日本全国を流れたあと、客足はぐんと伸びました。

店にはこのときのまりこ様と私の写真や、いただいたまりこ様のサインを飾っていますが、いまでもよくお客様が「あっ！」と反応して写真を撮っているんです。放映からだいぶ時間も経ちましたが、いまだに「テレビに出ていましたよね？」と反応されることがよくあります。

「テレビで見たから来たよ」と言ってくださるお客様もとても多かったですし、「やっぱりテレビの影響力って大きいんだな」と思いました。

第6章

誹謗中傷との闘い

誹謗中傷のはじまり

まりこ様が来てくださった「爆報！ＴＨＥフライデー」では、私が店とは別の場所で全店舗ぶんの仕込みをする様子や、厨房で調理をする様子も紹介されました。

また、そこでひとつ、大きな発表をしました。それは、「元アイドルを売りにしている」「自分でラーメンをつくっていない」と誹謗中傷を受けていること、そこで「味が本物だと証明したい」と考え、２０１９年1月から自分が経営者だと明かさずに、横浜市で「味のとらや」という店舗を経営していたことです。そう、私は当時、八雲2店、煌龍軒2店に加え、じつはもう1店を隠して経営していたんです。

誹謗中傷のはじまりは、２０１８年の暮れのこと。

八雲本店2階の座敷席で宴会が開かれていた際に、スタッフの配膳ミスでお客様を怒らせてしまうということがありました。スタッフ本人から直接謝罪したのはもちろんのこと、Twitterでのやりとりの中でも八雲公式アカウントから謝罪。電話でも謝罪の言葉を伝えて最終的にお客様からはお許しをいただき、一件落着となりました。

ところがその後、Twitterの八雲公式アカウント宛にダイレクトメッセージが届きました。

「アレはひどいですね、（宴会のお客様を）怒らせてどう思ってるんですか？」

同じ発信者からは、さらに続けてメッセージが届きました。

「梅澤さんですか？」

このメッセージを送ってきた人、仮にAとしますが、Aは発端《ほったん》となった宴会には参加していません。Aは「Twitter上での八雲公式アカウントと宴会のお客様とのやりとりを見てなぜかメッセージを送ってきた人で、もちろん私ともまったく無関係でした。

対応していたスタッフは、以下のように返信しました。

「気分を悪くされたなら申し訳ございませんが、御本人様たちには既に謝罪しました。よろしくお願いいたします」

Aからはさらにメッセージが届きました。

「梅澤さんですか？　聞いてるんですけど」

私を名指しにして届くメッセージについて、スタッフにはトラブル防止のために「個人的なメッセージへの対応を求められたら、そのようなことへの返答はお断りしてほしい」

と伝えてあります。このときも、スタッフは「私情についてはお答えできません」と返信しました。

するとAは、八雲の公式アカウントをブロック。A個人のTwitterアカウントで、私を中傷するツイートを始めました。ほのめかし、あてこすりが多いのですが、いままでの中傷を要約しますと以下のような内容です。

「梅澤愛優香は自分でラーメンをつくっていない。元アイドルであることを売りにしているだけのお飾り店長で、背後にいる反社の男に雇われている」

Aと「Twitterでつながりのある人たちの間で、私に対する憶測だけの質の低い中傷が始まりました。

反骨精神が生んだ「味のとらや」

「Twitterの誹謗中傷と同時期に、匿名掲示板でも同じような内容の私を中傷する書き込みが始まりました（以下、元の書き込み、ツイートはほのめかしが多く、原文を引用してもわかりにくいため、要約して載せています）。

「元アイドルを売りにしてるだけ」
「自分でラーメンをつくっていない」
「味で勝負できないんだろう」

誹謗中傷者たちの言葉は、私にとってはどうしても看過できないものでした。せっかく苦労して出したお店や、日々試行錯誤してつくりあげてきた私のラーメンを丸ごと否定され、嘘を書かれたからです。

これまでにも否定的な反応はたくさんありましたが、あくまで「もっとこうしたほうがいい」というようなもの、ラーメン屋への味への意見と受け取れるものでした。なかには私が女性ということで、「しょせん、女がつくるラーメンなんてこんなもんだろ」といった反応も残念ながらありましたが、それも「私がもっと美味しいラーメンをつくればいい話」と思えたんです。

でも、この「ラーメンを自分でつくっていない」という、根も葉もない嘘と憶測だけの中傷には、怒りしか覚えませんでした。

八雲では「お客様には厨房からの視線を気にせずラーメンを食べてほしい」と厨房と客席の間にすりガラスを入れましたが、私が厨房に立つ姿が客席から確認できないことから、「厨房を隠すのはおかしい。元アイドルは自分でラーメンをつくっていないから、見えないように隠している」と揚げ足をとるような中傷もされました。

また、その誹謗中傷者たちは私だけでなく、店に食べに来てくださるお客様まで槍玉《やりだま》にあげてきたのです。

「どうせ味じゃなくて、元アイドルの顔が目当て」

「八雲が旨いとか言っている奴は、マユカ店長に会いたいだけ」

大事なお客様のことまで馬鹿にされて、悔しくてたまりませんでした。

このような理不尽な攻撃を受けて、言われっぱなしにするという選択肢はありません。

こう見えてじつは、私は根っからの負けず嫌いで、反骨《はんこつ》精神のかたまり。

そこでまず、２０１９年１月11日、私は横浜市南区の蒔田《まいた》に新店舗「味のとらや」を開店しました。私が仕込んだたれと麺を使い、八雲と同じ味のラーメンを提供する店ですが、私の店だとは非公表で、営業時間中に店頭に立つのは社員さんのみ。私が経営者であることを明かさずにこの店を１年間黒字で営業できれば、私の味が本物であることを証明できるはずだと考えました。

これが、私なりの誹謗中傷へのひとつ目の立ち向かい方でした。２０１８年末に誹謗中傷を受けてから約１ヵ月でのスピード開店ですから、私の怒り度合いと、怒りのエネルギーの発散の仕方がおわかりいただけるかと思います。

その一方で、４月には誹謗中傷系の相談や訴訟を多く引き受けている弁護士さんに相談もしました。素人目にも特に悪質だと判断した誹謗中傷のスクリーンショットを見せたところ、弁護士さんの反応は「ああ、よくあるタイプのものですね」というもの。理不尽な誹謗中傷をされて苦しんでいる方が私のほかにもたくさんいると思うと、やるせない気持ちになりました。実際、ラーメン業界でも、ラーメン店に対する心ない中傷を目にすることは多くあります。

私へのいままでの中傷を弁護士さんに見てもらい、法的に見て名誉毀損《めいよきそん》、信用毀損にあたることが確認できたので、あとの手続きを依頼して、誹謗中傷をしてきた人たちの身元を特定するための「発信者情報開示請求」から進めていただきました。

8月には東京地方裁判所に発信者情報開示の仮処分が認められたので、プロバイダへの情報開示請求を進め、手続きをした誹謗中傷者たちについては名前や住所を特定できました。

予想どおり、Twitterの個人アカウントで執拗に中傷のツイートをしていた人と、匿名掲示板で特に悪質な書き込みをしていた人は同一人物でした。損害賠償請求の時効は3年なので、どのタイミングで法的措置をとるかをうかがっている状況です。

また、このように手続きを進めていたなかでも、事件が起きていました。

6月ごろ、煌龍軒相模原店の外に設置していたゴミ箱が、写真を撮られて「ゴミの量が少ない」というツイートとともに写真が拡散されたのです。

「店でスープを炊いているなら、もっとゴミが多いはずだ」
「業務用スープを出しているんじゃないか」
「店でスープを炊いていないのに、嘘をついている」

写真に続いてこのような趣旨のツイートがされ、誹謗中傷が広がりました。

こちらとしては、ゴミ箱を漁り、中傷をあおった人物の身元もわかっていますので、こちらはこちらで相応の法的措置を考えている状況です。

味だけで勝負、結果は……？

「味のとらや」の店頭に立つのは男性の社員さんひとりで、表向き、経営者が私であるということはひみつです。

「味だけで勝負。１年間、毎月黒字で営業してみせる」

出店に際して不安はなく、むしろ楽しみでした。勝気な性分なだけに、「味だけでどれだけ勝負できるんだろう」とワクワクしていたんです。

私が経営していることはひみつですから、とらやの営業時間中はすべてを社員さんに任せていました。私は防犯カメラの映像と、ＳＮＳのお客様の反応をチェックしていたほか、週３日くらいのペースで営業時間終了後に店に足を運び、掃除が行き届いているか、冷蔵庫の材料の保存状態は問題ないかなどをチェックしていました。

そう、5章137ページでご紹介した多店舗経営時のスケジュールは、とらやに行かない日のものです。週に3日は、八雲や煌龍軒で働いたあと、車を運転してとらやに向かい、店の様子をチェックしてから、0時を過ぎるくらいに帰宅する日々でした。

体力的には大変でしたし、店の様子を間接的にしか確認できない歯がゆさもありました。でも経営は順調で、目標に掲げた「毎月黒字」も無事達成できていました。そして何より、SNSでとらやへのお客様のツイートをチェックすると、ほとんどが肯定的なものだったんです。

「王道の味噌ラーメン、完飲したくなる!」

「塩ラーメンの透きとおったスープ、最高にうまい!」

きちんと味が評価されていて、「とらやをやってよかった!」とうれしくなりました。正直、誹謗中傷者に対しては「あなたにはできないでしょ」という気持ちで満足でした。

また、とらやのラーメンを褒めてくれた人のなかには、八雲の味をけなしていた評論家やラーメン店主などを見つけることもあったんです。とらやのラーメンは、八雲と同じ材料、同じ調理法で提供していました。

「『元アイドルのラーメン』という先入観で、これだけ感じる味が変わるんだ」

「そういう人は味でなくて肩書きで評価しているんだ」

これを知ることができて、お客様の反応を過度に気にすることがなくなりました。

怒りの気持ちから達成感に変換

２０１９年末、テレビ番組「爆報！ＴＨＥフライデー」でとらやを経営していた経緯を明かしました。そのあとは、メディアから取材依頼が入るなど大反響がありました。

また、放映後に店に出ると、大半のお客様から声をかけていただきました。

「いままであなたのことを誤解していたよ」

「テレビを見てはじめて来たけど、ラーメン本当に美味しかった。誹謗中傷になんて負けないで！」

「これからもがんばってね、応援しているね！」

味のとらやの開店は、誹謗中傷によって傷ついた自尊心を癒やし、さらに強くなるために自分に課したチャレンジでした。このチャレンジをやりとげ、結果を出せたおかげで、悔しさ、悲しみ、自信のなさなどの負の感情すべてを吹っ切れました。これまでよりももっと自分に自信がもてるようになりましたし、中傷者のことも以前のようには気にならなくなったんです。

誹謗中傷を受けたことは、私にとっては「ラーメン屋をやっていて頭にきたことランキング」をつけた場合、第1位にランクインするくらいのことでしたが、そこで負けずにとらやを開き、1年間がんばったおかげで、「振り返ってみれば収穫ばかりだった」と思える、達成感第1位の出来事になりました。

誹謗中傷をプラスの力に変える

ちなみに、テレビ放映後、中傷は大幅に減りました。

誹謗中傷には反応しないほうがいいという考えもあると思います。誹謗中傷をするような人はいわゆる「かまってちゃんの寂しい人」で、相手の反応を待っているのだから、無反応のほうがいいのだと。

実際、誹謗中傷者たちはわざわざ私のことをあれこれと調べて書きたてたり、Twitter

をブロックしても別アカウントから監視してきては私のツイートをあげつらったりと、ネットスラングで言うところの「粘着」をして気持ちが悪いのですが、まともに相手にしていては時間の無駄でしかありません。

そしていつも私のことを気にかけてくださる、支那そばや代表の佐野しおりさんにも、中傷について相談した際に言われました。

「あんなのほっときゃいいの。ほっといて、そんなの知りません、私はこうですって堂々としていたほうがかっこいいよ」

確かにそうだなと思いました。これからはなるべく放っておこう、美味しいラーメンをつくることだけを考えようと思いました。

でも、あまりにもひどいことを言われたら、私はとことん闘います!

誹謗中傷者の身元を特定する方法

この本を読んでくださる方のなかには、実際に誹謗中傷を受けていて困っている方（被害者）もいるかと思います。参考になればと思い、私が弁護士さんに相談してから中傷の投稿をした人たち（加害者）を特定するまでの流れをまとめてみました。

２０２１年2月現在は被害者側がしなければならない手続きが多く、被害者の負担が重いのですが、加害者を特定する手続きを簡素化して、被害者を救済しようという動きも出ています。制度が改正されて、手続きがもっと簡単になるかもしれませんので、最新の情報もあわせてご自身で確認してみてください。

❶ 誹謗中傷のツイートや書き込みなどのＵＲＬの保存と、スクリーンショットを撮り、保存する

スクリーンショットは画面全体を、投稿日時がわかるように撮ります。

❷ 弁護士に❶を見せて、法的に見ても問題のある中傷かどうか確認してもらう

確認できたら、正式に依頼して以下の手続きを進めます。弁護士に依頼せず自分で手続きを行うことも可能ですが、経験豊富なプロに任せたほうが時間の無駄にならず、結果にもつながると思います。

❸　コンテンツプロバイダ（Twitterなどのサービスを提供する会社）に、ＩＰアドレスなどの開示請求を行う

東京地方裁判所に、「発信者情報開示仮処分命令申立て」を行います。申立てが相当であると認められると、ＩＰアドレス（インターネット上の住所のようなもの）が開示されます。

❹　ＩＰアドレスをもとに、アクセスプロバイダ（携帯電話会社、インターネット接続業者など）に発信者情報開示請求を行う

却下された場合は❺へ。ここで開示を受けられれば、加害者の住所氏名が特定できます。

❸から❹で開示されるまでには国内プロバイダの場合は1〜2ヵ月、海外プロバイダの場合は3〜4ヵ月かかります。

❺ ❹で開示請求が却下された場合、アクセスプロバイダに裁判を起こして開示を求める（発信者情報開示請求訴訟）

訴訟から判決までには、約半年〜1年ほどかかります。

❻ 加害者の特定ができたら、刑事告訴や損害賠償請求などを行う

刑事訴訟の場合、内容によっては数年かかります。

★ポイント1　誹謗中傷を見つけたら、すぐにスクリーンショットを撮って保存する

コンテンツプロバイダに投稿者（加害者）のＩＰアドレスが保存されている期間は、約3ヵ月。時間がたち、ＩＰアドレスが消去されてしまうと身元を特定できなくなる可能性があります。早めに手続きを進めることをお勧めします。

★ポイント2　「リツイート」や「いいね」も　スクリーンショットを撮って保存する

Twitterで誹謗中傷ツイートをリツイートした場合、名誉毀損による不法行為責任を負うという判決が出ています。誹謗中傷ツイートに「いいね」した場合についてはまだ判決が出ていませんが、悪意ある証拠として保存しておいたほうがいいと思います。私はリツイートや「いいね」もすべて保存しています。

★ポイント3　訴訟を起こすタイミングを見計らう

中傷の時効は3年ですが、同一人物が中傷を重ねている場合は、最後の中傷からさらに3年となります。なので、どうしても許せず重罪に問いたい場合は、何かあっても静観して中傷行為の事例を集め、あとで一気に訴えを起こすというのも手です。

手続きには、証拠を集める手間も、弁護士さんに依頼する費用もかかります。

店の経営や自分の生活で手いっぱいのなか、時間やお金を捻出できず、いわれのない誹謗中傷をされても我慢している方もいらっしゃるかと思います。

「私が誹謗中傷に対して取った行動を世に示せば、誹謗中傷の抑制《よくせい》になるかもしれない」

ということが、私がこの本を出そうと思った理由のひとつでした。

誹謗中傷はインターネット上では匿名で簡単にできてしまうため、「このくらいバレないだろう」と安易な気持ちでやる軽はずみな人も多いのですが、理不尽な誹謗中傷には、手間やお金をかけて闘えば、きっちり身元を特定して責任を追及できます。

責任を問われることを恐れて、誹謗中傷をやめたり、誹謗中傷のツイートに「いいね」することを踏みとどまったりする人が少しでも増えてほしいです。そうすれば、私たちは余計なことに大事な時間やお金を使わなくてよくなりますから。

飲食店であればただ味づくりに専念できる、そんな無駄な争いのない世の中になってほしいと思います。

SNSでお客様との絆を深めることだってできる!

２０１７年に八雲大和店をオープンしてから始めたTwitter。アイドル時代はＳＮＳは禁止でしたので、私が本格的にＳＮＳを使ったのはラーメン屋を始めてからでした。

毎日7時ごろにツイートしている恒例の朝のあいさつのほか、ラーメンをつくるなかでの気づき、店の新しい取り組み、新メニューの紹介や食べ歩きに行った美味しいラーメンのこと、プライベートで行った大好きなディズニーのことなど、私の日々のあれこれを公私織りまぜてフォロワーの皆様に発信しています。

フォロワーの皆様から反応が返ってくるのが楽しいので、新店舗開店やテレビ出演など、重要な発表があるときはつい、前もって「明日爆弾発言します!」などと思わせぶりにツイート。いつも皆さんからはいいリアクションをいただいています。

２０２０年11月には、うれしいことにフォロワー様が2万人を超えました! また1回の発信につき「いいね」は１０００以上!

店に足を運んでくださったお客様が写真付きで感想をツイートしてくださって、それを私が見つけてリツイート、どんどん拡散されて「美味しそう、行ってみようかな」と新しいお客様を呼んで……といったうれしい流れが生まれるのも、Twitterのいいところ。

いまは忙しくなり個別のリプライはできていないのですが、２０１７年から２０２０年3月くらいまでは、いただいたメッセージにはなるべくリプライを返していました。全員は無理でも、「1日50人！」など目標を決めて、できるところまで。

やっぱりリプライを返すとお客様は喜んでくださいますし、実際に店に足を運ぶのがむずかしい遠方にお住まいの方でもＳＮＳ上でなら会話ができますから、「いつか行きたい、ラーメンを食べたい」と思っていただけたらいいなと思ってやっていたんです。

私のなかでＳＮＳはコミュニケーションのためのもの。一時は誹謗中傷のツールとしても使われてしまいましたが、同時に、私が誹謗中傷を受けていたときもたくさんの方が私を応援するメッセージを送ってくれました。

いまも日々応援の言葉やラーメンの感想などをいただいて、皆様にあたたかく支えていただいています。

「ひたむきにがんばる姿、応援しています！」

「行動力や情熱を本当に尊敬します！」

「元気をもらいました、ありがとう！」

私のほうこそ、本当にいつもありがとうございます。皆さんが大好きです！

「辛いときを共有できる仲間の存在」は欠かせない

私が誹謗中傷を受けてもへこたれずに「味だけで勝負して、味が本物だって証明してみせる！」と味のとらやを開けたのは、坂井さんや尾崎さんのような頼れる仲間が支えてくれていたからでした。ふたりは私が唐突に「新しい店をやりたい！」と言い出しても、「忙しくなるな……」と言いつつ開店に向けて動いてくれて、いつも私の考えを実現することを実務面からサポートしてくれました。

仲間に関しては、私はかなり強運でした。もしふたりがいなかったら、たぶん、最初の八雲大和店も出せていなかったんじゃないかと思います。苦手なことやわからないことも全部ひとりでやろうとしてパンクしてしまって、そうこうするうちに開業資金として用意したなけなしの３３０万円は家賃の支払いで消えていき、家族から「やっぱりラーメン屋開業なんて無理だったでしょう、言わんこっちゃない」と言われながら悲しく就職活動をする、そんな人生になっていてもふしぎはなかったと思うんです。なので、ふたりには感謝するばかりです。

仲間がいれば、うまくいかないときでも「ひとりじゃない」と思えますし、辛いときをいっしょに乗り切って共有しているからこそ、次に向かえると思うんです。大事なことを共有できる人は、絶対にいたほうがいいと思います。ひとりでやっていたら、自営業の場合全部ひとりで抱え込むことになるので、最悪自殺とかにもつながりかねないですから。

誰かに話すだけでもスッキリしますし、「話せる」と思うだけでも心強いものですから、なんでも話せる人の存在は大事です。信頼できる人なら今後の展望などについても話せますし、自分にはない考えをその人はもっているわけですから、アドバイスを聞いて進んでいけばうまくいくと思います。

自分が苦手な分野はほかの人に任せてうまく作業を分担できたり、意見を聞いて自分だけの考えに凝り固まらないようにできたり、チームをつくるのはいいことばかりだと思うんです。無理にひとりでやる必要なんてない。もちろん、「いい仲間」じゃないとトラブルのもとですし、自分とはちがう意見、ときには耳に痛い言葉を聞く度量も求められます。

私たちの場合、坂井さんと尾崎さんは「味のことは任せる、口を出さない」と私を信頼して任せてくれています。私もふたりがもっていて、私にはない知識やスキルを尊敬していますし、お互いに敬意があって尊重し合っているからバランスが取れて、いい仲間、いいチームになれたんだと思います。

まゆか流・気持ちの切り替え法

取材などで誹謗中傷を受けていたときの話をすると、聞かれる質問があります。

「落ち込んだときは、どうやって気持ちを切り替えていたんですか？」

確かに誹謗中傷を受けたことは辛い体験でしたが、私はメンタルが安定しているほうで、長い時間気持ちが沈むことがありません。嫌なことがあって落ち込んだとしたら、たくさん食べて寝て、次の日からまたがんばる！　という感じで、落ち込みを長く引きずらないタイプなんです。人の悪口や愚痴《ぐち》もあまり言いたいと思いません。

私の家族がみんな同じタイプなので、私はあまり愚痴や悪口を耳にしない環境で育ちました。だから愚痴や悪口は、言うのも聞くのもあまり好きではないんです。辛いときに気持ちを打ち明けあえることは大事ですが、愚痴や悪口は日常的に言ったり聞いたりしないほうが、日々を元気に過ごせるのではないかと思います。

それから私の場合、負の感情は落ち込みよりも怒りに向かいやすく、怒りから生まれる「負けない！」「もっと美味しいラーメンをつくってみせる！」というエネルギーが、ラーメンづくりや店づくりをするための力の一部になっている気がします。家族からも友だちからも、「まゆかは負けず嫌いだよね」とよく言われるんです。

誹謗中傷を乗り越えられたのも、「何事もよりよい味づくりへのパワーに変換する」ことができたからかなと思います。

あとは、好きなものをたくさん食べることもいつも元気でいる秘訣かもしれません。

やっぱりラーメンが大好きなので、仕事でもプライベートでもよく食べています。ラーメンばかり食べていると野菜が不足しがちなので、サプリメントと野菜ジュースで補っていますが、それ以外では特に気を使っていません。「ラーメンばかり食べて、よく太らないですね」とも言われますが、生まれつきたくさん食べても太らない体質なんです。

子どものころからよく食べるほうでしたが、中学生のころは特に食欲が旺盛《おうせい》で、男子を含めてもクラスで2番目くらいに給食を食べていました。ご飯と牛乳はいつも最初からふたつもらっていましたし、おかずは当然毎日おかわり。いまでも食べるのは大好きですが、さすがにそのころに比べれば食べられる量は減りました。それでも一般的な人に比べたらよく食べるほうなので、やっぱりたくさん食べることが元気につながっている気がします。

オフの日は女子モード

週1日のお休みの日の過ごし方は、たっぷり寝るか、友だちと遊ぶことがほとんどです。4章と5章で1日のスケジュールをご紹介しましたが、仕事柄、店がある日はなかなかまとまった睡眠時間を取れません。ですからお休みの日や仕事の移動時間、休憩時間など寝られるタイミングがあれば逃さずに寝ています。

そして遊びに行くときは、高校時代の料理研究部の友だちに会うことが多いです。高校時代に友だちと出かける先といえばラーメン屋でしたが、いまは年ごろの女の子らしく、人気のカフェやレストランに行くようになりました。日ごろ女子っぽいことをできる機会が少ないので、おしゃれなカフェで友だちとガールズトークをする時間は年齢相応の自分になれる貴重なひとときになっています。

また年に数回、ディズニーシーに行くのも欠かせません。私は幼いころからいまも変わらずディズニー映画『リトル・マーメイド』が大好き。主人公のアリエルが好きなのはもちろん、作中で使われている楽しい音楽や、陽気な世界観全体が大好きなんです。だから、東京ディズニーシーに行って『リトル・マーメイド』の世界をモチーフにしたエリアを散歩しているだけでも夢の世界に入ったようで心身が清められる感じがして、特にアトラクションに乗らなくても幸せいっぱいになれるんです。

主人公のアリエルは、いつでも前向きな性格で、夢中になるとまわりが見えなくなっちゃうところがどこか私に似ている気がして、親近感を覚えます。元気いっぱいで顔だちもかわいくて、もうすべてが大好きですね。

ディズニーシーには子どものころから何度も行っていますが、行くたびに発見があります。「完成のない、ずっと成長し続けるテーマパーク」。新しいエリアができたり、新しいフードが出たりといつも何かが変化している。来てくださる方に楽しんでもらって、「また来たい」と思ってもらう。1回行って「楽しかった！　もう満足したからいいや」と思われてしまうようだと長く続かないですし、きっと提供する側もおもしろくないでしょうし。「よりよいサービスをお客様に」という使命感があるから、キャストさんたちもあの細やかで行き届いたサービスを提供できると思うんです。……こんなふうに、ディズニーに行くことは店づくりの勉強にもなっていると思いますが、行ったときはなるべく仕事のことは考えずに思いっきり楽しんでいます。

オフの日の過ごし方としては、ほかには旅行するのも好きです。旅先ではよく寺社をめぐります。でも、最近では足を運んだ寺社の要素を店の外装・内装に取り入れたり、旅行先でそこでしか手に入らない食材を集めたりと、旅の目的がどんどん仕事がらみになっているので、旅は純粋なオフという感じではなくなってきました。それでも旅に出て新しい食材に触れ、名所旧跡をめぐってインスピレーションをもらうことは本当にいい刺激になりますし、旅先で手に入れた新しい食材を使ってあれこれと試作をするのは私にとって最高に楽しい時間です。

第7章

新しい挑戦、つけ麺の世界へ

鎌倉ひみつ計画

2019年8月末、中華蕎麦とみ田さんとの限定麺でつけ麺に目覚めてしまった私は、ひそかに決意していました。

「つけ麺を極めたい。極めるために、つけ麺の店を出したい」

私はひとり、新しいつけ麺の店の構想を練り始めました。アイドルを卒業したあと、「ラーメン屋を開きたい」と決意して、誰にも打ち明けないままノートに八雲1号店の構想を書き綴っていたころのように。

八雲が地元密着型でお手ごろ価格の店なので、同じことをするのではなく、ちがう挑戦をしたいと思いました。

「観光名所に、八雲よりも高級な店を開きたい。品があって、お客様が落ち着いて食事を楽しめる店がいい。選び抜いた高品質の素材を使って、お客様に特別な空間と時間を提供したい」

そう思ったとき、店を開く場所は鎌倉《かまくら》以外に考えられませんでした。私が生まれ育った神奈川県を代表する観光地ですし、鎌倉時代から続く歴史ある寺社が多いところも、山に囲まれ緑豊かな土地柄も大好きで、プライベートでもよく足を運んでいました。両親が私が生まれる際に安産祈願をした寺社もあるというご縁もあって、私にとって鎌倉は特別な場所だったんです。

10月の休日に、店を出す場所の検討も兼ねて鎌倉を散策していたときのこと。鎌倉を代表する禅寺、建長寺《けんちょうじ》の並びにある店舗に「テナント募集中」の看板が出ていることに気づきました。見渡せば、広がる山々の緑の中に建長寺の外門と塀《へい》が続いています。鎌倉駅からも北鎌倉駅からも徒歩10分以上離れているので、観光地然としたカラフルな広告やお土産物屋さんなどは見えず、古都鎌倉らしい上品で閑静《かんせい》な雰囲気で、建長寺と店の間には名門私立校の鎌倉学園もあって人通りは絶えず、ほどよい活気も感じられました。

「ここでお店をやりたい！」

一目惚《ひとめぼ》れした私は、さっそく看板に書いてあった電話番号に連絡をして、大家さんとの交渉を始めました。まずは電話でお話ししたあと、想いをしたためた手紙を送ったんです。私がどんな人間で、どうしてあの場所で店を開きたいと思っているのか、どんな店にしたいのか。じっくりと丁寧にお伝えするには、電話や直接訪ねるよりも、手紙のほうが大家さんのご都合のいいときに読んでもらえてよいのではないかと考えました。

その後何度か手紙のやりとりを重ね、11月には大家さんから「あなたに貸します」とお返事をいただけたんです！

あとから知ったことですが、私が幸運にも貸していただけた物件は、某有名コーヒー店なども名乗りをあげて断られたほどの人気物件だったんだそうです。

以前この場所で営業されていた「高梨商店」さんは鎌倉学園の生徒たちが学校帰りに寄る憩いの場だったお店。鎌倉学園ＯＢであるサザンオールスターズの桑田《くわた》佳祐《けいすけ》さんが通っていたことでも有名で、１世紀以上にわたり営業してきた歴史がありました。消費税増税と店主のご高齢を理由に２０１４年に閉店したあとは、大家さんは数ある物件賃貸の申し出をすべて断っていたんだそうです。

なぜ私に貸してくださったのか、大家さんからのお手紙には特に理由は書いてありませんでした。でもたぶん、私の手紙を読んで、「応援したい」と思ってくださったのではないかと勝手に思っています。私の誠意が伝わり、私に大事な物件を任せていただけたことを、無駄にはしないと決意しました。

「この店を、鎌倉の新名物にしたい」

沙羅《さら》に善《よ》き店を古都に

新店舗の名前「沙羅善」は、縁起のいい「沙羅」に「善」といういい意味の単語を加えた、私の造語です。

「沙羅」は、仏様が沙羅双樹《さらそうじゅ》の下で最期を迎えたといわれていることからとったもの。

「沙羅双樹の花の色盛者必衰《じょうしゃひっすい》の理《ことわり》をあらはす」

日本では、平家《へいけ》物語の冒頭でこのようにうたわれていることから、不吉なイメージをおもちの方もいるかもしれません。でも、仏教では三大聖木のひとつとされている、とても縁起のいい木なんです。

鎌倉で物件を押さえ、「沙羅善」と名前も決めた2019年11月ごろ、はじめて坂井さん、尾崎さんに新店舗について打ち明けました。

「鎌倉でつけ麺のお店をやりたい。じつはもう物件も押さえたの」

ふたりは当然驚いていましたが、落ち着いたあとの反応はもっともなものでした。

「うーん……また手を広げて、大丈夫なの？」

このころ私は、八雲2店と煌龍軒2店、味のとらやの合計5店舗を経営していました。八雲や煌龍軒の営業終了後、週に3日はとらやの様子を見に行く日々で、確かに時間も体力も余裕は皆無。

でも、味のとらやはもともと1年限定で開いたお店でしたから、12月末で閉店する準備を進めていました。煌龍軒大森店もオーナーさんから独立したいと希望があったため、フランチャイズ契約を12月で終了する予定でした。煌龍軒相模原店は「味のとらや」閉店後の跡地に移転を予定していましたが、これも2020年4月の物件契約満了に合わせてフランチャイズ契約を終了することを検討していました。

「大丈夫。それに、どうしてもつけ麺のお店をやりたい」

ふたりを説得して、11月から沙羅善の開店準備を始めました。

工事関係の業者さんとのやりとりは、これまでの店舗と同じように尾崎さんにお任せしました。

沙羅善のビジュアルイメージは、私がこれまでに美しいと感じたものの集大成。めぐってきた寺社や、足を運んだ高級料理店などから受けたインスピレーションを元に、主に寺社の画像を集めて、印をつけて説明しました。

「外壁はここの壁みたいな張り方にしたい」

「天井はこんな感じで、節のない一枚板がいい」

尾崎さんには、頭を抱えられてしまいました。

寺社の建築といえば、宮大工さんの領域。「寺社のような施工」を依頼するとなれば、当然、大工さんの技術には高度なものが要求されます。これまでの物件のように「尾崎さんとお付き合いのある業者さんの中から選ぶ」というわけにはいかず、まずはこちらが求める技術がある人を探すところから始める必要があったのです。それでも、12月半ばには改装工事を始められたのですから、さすがでした。

尾崎さんが工事関係に奔走するのと同時進行で、私はつけ麺の味づくりを進めつつ、店で使う調度品集めや食器デザインなどで休みなく動き回る日々を過ごしていました。２０１９年末から２０２０年春の沙羅善オープン準備期間中は、ほとんど休みなく沙羅善のために動いていたと思います。手薄になってしまう八雲は、坂井さんに任せていたので安心でした。

はじめて富田さんのつけ麺を食べてから5ヵ月、限定麺からは4ヵ月が経った２０１９年の年末。少しずつ、私の新しいお店、沙羅善が形になり始めていました。

絶対王者に学ぶ「つけ麺提供の極意」

２０２０年、２月17日。私は千葉県松戸にある富田さんのお店、「中華蕎麦とみ田」の厨房にお邪魔しました。沙羅善を開くにあたり、店主富田さんのご厚意でつけ麺の盛り付け方を１日のみ勉強させていただけることになったんです。

つけ麺はラーメンに比べて、麺の提供に時間も手間もかかります。ラーメンの麺は、茹でて、湯切りして、丼に入れる３工程。ですがつけ麺は、茹でて、あげて、洗いながら冷やして、さらに冷やして締めて、整えて、盛り付ける６工程です。ラーメンの湯切りや丼に入れる作業は、慣れればほとんど時間をかけずにできるようになりますが、つけ麺は整えだけでも１人前につき１分半くらいかかりますし、コツをつかむまでが本当に大変。あえて数値化してみれば、ラーメンの麺提供の難易度を10としたら、つけ麺は１００、そのくらい差があると思います。

味については独学でできても、盛り付け方を店を開いてからぶっつけ本番で学ぶのでは、最初に出すつけ麺の質が下がってしまいます。さらに中華蕎麦とみ田さんでは、盛り付け以外にも、麺を提供するまでの動線や、お客さんの流れを見せていただいて、開業時からスムーズに動くための準備をしました。

盛り付けるときの麺の折りたたみについては、麺を麺皿に折り重ねるように盛り付けたとき、１本１本の麺がそろっていて、麺線が美しい状態のほうが美味しそうに見えます。この折りたたみを美しくするには、麺が上手に茹であがっていなければいけません。上手に茹でた麺をよく洗って冷たい水で締めると、ハリがあってまっすぐな、きれいな麺になるんです。きれいな麺は整えやすいので、美しくたためますし、すするときの歯ざわりもよくて味にもつながります。

折りたたみを担当されていた方のうしろにぴったりとついて、やり方を見せていただきました。でも、すぐうしろで見ていても、背中で手元が隠れてしまい見えづらいうえに、熟練の手さばきで一瞬のうちに麺がたたまれていて、狐につままれたようでした。

「ん？　いま何があったの？」

整えた麺を水から引きあげて、素早く麺皿に載せたと思ったら、その麺がもうきれいに折りたたまれているんです。麺皿に載せる一瞬のうちに、サッと折りたたんでいるのですが、素早すぎて、撮影してスロー再生しないとよくわからないくらいだったんです。こんな技術を間近で見せていただける機会はそうそうありませんから、必死に目を凝らして勉強させていただきました。

ちなみに、このときもつけ麺のつくり方やレシピに関わることは一切教わっていません。でも、私が「これはなんですか？」とか「どうしてこの火力なんですか？」などと、気になったことを質問すると全部答えていただけました。

特に、「麺がまっすぐにならなくて、ちょっとうねっちゃうんです」と相談した際に、「茹でるときにちゃんと麺を泳がせないとダメだよ」とアドバイスいただいたのはありがたかったです。狭い麺ざるの中でふつうに茹でると麺がちぢれてしまうので、アドバイスいただいたとおりざるの中を広く泳がせて茹でるようにしたところ、まっすぐな麺を茹でられるようになりました。

ただ、味に直接関わることについては、さすがに弟子入りもしていない私が聞けることではないので、「富田さんからは味については教わっていない」というより、そこは私が遠慮したといった感じでした。

富田さんは、勉強に伺った翌日にはTwitterの中華蕎麦とみ田公式アカウントからこんなふうにツイートしてくださいました。

「昨日は、勉強の為にとみ田に来てた方がおりました。これからの時代、女子が活躍すると実感させてくれる位、意欲的で前向きでした。ラーメンの可能性を信じて本日も頑張って参ります！」

ラーメン界の絶対王者として、いつも広い広い背中を見せてくださっている富田さんのような方にこんなふうに言っていただけて、光栄でした。

富田さんは、こうも言ってくださったんです。

「まゆかちゃんは若くて女性で、ラーメン界にはほかにいないタイプだから、新しいラーメン時代を切り開いていってほしい」

若い女性ということでひどい中傷もされるなど、厄介なこともいろいろとありましたが、富田さんや佐野しおりさん、私が尊敬してやまないおふたりからは「ほかにはいないない存在」と新しい可能性を同じように見出してもらい、期待をかけていただいて、本当に本当にうれしい限りです。

期待に応えられるよう、がんばります！

与えよ、さらば与えられん

どちらか一方だけが得するのではなく、お互いにとっていいことがある喜ばしい関係のことを「win-win の関係」といいますが、これを築くには、まず自分から相手に何かする心がけが大事だと思っています。それも、「してやろう」みたいな上から目線の気持ちでやったり、何かお返しが返ってくることを期待して行動するのではなく、「別にお返しはいらないけど、でももし何か返ってきたらラッキー♪」くらいの気持ちでやるのがポイントだと思っています。

もし人から何かしてもらえたら、誰でも悪い気はしないですよね。そして、いまは与えられるばかりの人だとしても、いずれはほかの人に与える人間にだってなれると思うんです。だから、まずは自分から与えてきっかけをつくって、そこでお返しがあればそれは喜んで受け取るし、何もなくても別にこちらは見返りを期待してやっているわけじゃないからいいや、という気持ちでいれば、もし与えた人から直接何かが返ってくることはなかったとしても、大きな流れの中で見れば、めぐりめぐってきっと自分にもいいことがあるだろうから、それでいいだろうと。自分にいいことが起こるのを待つ側でいるのはやめよう、いつでもアクションを起こす側であろう、という心構えでいることが大切だと思っています。

とはいっても、私も昔からこういう心構えができていたわけではありません。お店をやるようになって、たくさんの人と関わるようになってから、自然とこのような心構えになりました。特にきっかけなどはなかったのですが、自分が若いうちから雇用主として社員さんに接する立場になったことや、佐野しおりさんや富田治さんのような凄い方々に引き立てていただいたことなどが関係しているかもしれません。

商売をするうえでは、自分ひとりの気持ちだけではなかなかままならないこともありますが、この「自分から動く、直接の見返りは求めない」という心構えでいれば、動いた成果はいずれめぐりめぐって自分のもとに届くだろうから、いつでも「人に何かを与えられる自分」でありたいと思って実行しています。

沙羅善の味

沙羅善のオープンは、2020年4月を予定していました。

麺はまずは「中華蕎麦とみ田」さんの麺を使わせていただき、いずれ自家製麺に切り替えることに。私は富田さんのところで学ばせていただいた麺の盛り付けの技術をスタッフに教えつつ、4月までにつけだれの味をより満足のいくものにしようと試行錯誤を重ねました。

スープに入れる材料は、何回変えたか覚えていないくらい、いろいろと試しました。基本の材料は豚骨、魚介のさまざまな混合節、香味《こうみ》野菜、醤油や酒などの調味料ですが、そのうちたとえば鰹節《かつおぶし》を鯖節《さばぶし》に変える、というふうに材料をダイレクトに変えることもありましたし、変えずにプラスで入れたりとか、逆に減らしたり、量はそのままで炊く時間を変えたり、蒸らす時間を変えたりとちょっとずつ変えてみるだけでも、バリエーションは無限です。

スープを炊く温度の調整もくり返しました。何度がちょうどいい温度なのか、その温度を何分間保つのがいいか。いまでもストップウォッチを使って細かく計測しては、ベストの時間を探り続けています。

スープに入れる豚骨は、まず焼き色をつけてから炊いています。確か、テレビドラマの料理シーンでシェフが肉を炙《あぶ》っているところを見て、思いつきでやってみたのですが、焼かずに炊くよりも焼いてから炊いたほうが、香ばしくコクのある出汁が出るんです。フランス料理では肉や骨から出汁（フォン）をとるときは炒めて焼き色をつけてから煮出すそうですから、ちょっとフレンチの技法を取り入れてみた形です。

沙羅善のスープができあがるまでには、寝かせる時間なども入れるとトータルで1日半かかります。豚の頭や骨などが入った大きな寸胴鍋を、長さが1メートルほどある大きな木のしゃもじを使って絶えず混ぜながら、高温でグツグツ炊いたり、材料を足したり、低温でじっくりと炊いたりするうちに、繊細でかつ力強い味わいが生まれていくんです。混ぜるのに使う木のしゃもじは重たいですし、使い始めは木がささくれて手に刺さってきて、扱いがけっこう大変でした。

たれも、醤油や酒などいろいろな材料を試しました。八雲のラーメン用のたれは鍋でグツグツと煮込んでつくりますが、沙羅善のたれはトロトロと弱火で、沸騰させずにじっくり加熱しています。沙羅善のたれは八雲に比べると使っている調味料の数が多いので、あんまり煮込むと風味が飛んでしまったり、酸味が強くなってしまったりといいところがなくなってしまいます。

たれとスープを合わせるときは、丼にたれを入れてからスープを注ぎ、注いだ際の流動の力を利用して混ざるようにしています。あえて人の手では混ぜないことで、丼の中でたれの味が均一にならないようにしているんです。こうすると、お客様は食べ進むにしたがってだんだんつけだれの味が濃くなる変化を楽しめるんです。

つけだれは酸味・甘味・塩味・苦味・旨味の味のバランスが一番よくなるように、また、あまりサラサラすぎると麺をつけたときにからまないので、つけだれと麺の相性がよくなるように、ちょうどいいドロッと感になるようにも調整しています。

こうしてできあがった沙羅善の濃厚豚骨魚介つけ麺は、1杯1200円。原価率は43％になりました。一般的な水準の30％を軽く超えてしまいましたが、濃厚で旨味たっぷりなのに、後味は爽やかなつけだれが自慢の逸品です。

特別な時間を体験できる空間づくり

２０１９年10月から12月にかけて放映されたドラマ「グランメゾン東京」。主演の木村《きむら》拓哉《たくや》さんがフランス料理のカリスマシェフを演じて話題になったドラマですが、私は作中に出てくるレストランの厨房に特に惹かれました。オールステンレスのつくりに高級感があって、その銀色に輝く厨房でシェフたちが真剣に料理をする姿がよく映えていて、いつまでも見ていたい格好よさだったんです。ちょうどこのドラマの放映時期と、私が沙羅善の内装を考えていた時期が重なっていたので、「沙羅善の厨房をお客様にどう魅力的に見せるか」という部分ではかなりこのドラマの影響を受けました。

また、「グランメゾン東京」の監修をされた、ミシュラン三つ星を14年連続取得している日本を代表するフレンチの名店「カンテサンス」に行ったことをきっかけに、高級店の品格、行き届いたサービスなどにも影響を受けました。

フレンチとつけ麺、料理のジャンルは全然ちがいますが、飲食業、接客業というくくりでは同じ。

「ラーメン屋ではないようなラーメン屋をつくりたい」

私は沙羅善を、これまでにはなかったような新しいスタイルの店にしたいと思っていたので、ほかのジャンルのお店から学べることは多くありました。お寿司屋さんや日本料理の名店にも足を運びました。そして、品のある優雅な雰囲気に包まれて、お客様がくつろいで一流の料理やサービスを楽しめるお店を私もやりたいと思うようになってきたんです。

また沙羅善では、客席から厨房の様子が見えるようにしたため、動線はもちろん、見た目にも相当こだわりました。厨房の天井には大理石をあしらい、壁はすべてステンレス。什器はすべて新品でそろえました。

八雲では厨房と客席の間にすりガラスを入れたため、誹謗中傷をされた際には、私が厨房に立つ姿が客席から確認できないことを執拗に攻撃されてしまいました。それをふまえて、沙羅善では正真正銘《しょうしんしょうめい》私がつくっていると見てわかるようにしています。

それに、つくる様子が見えるほうが、お客様は待っている間も「どんな料理が来るのかな」「ああやってつくるのか、どんな味なんだろう」とワクワクしていただけると思ったんです。つけ麺はラーメンよりも提供までに時間がかかりますから、待ち時間中も楽しめるほうがいいと思いました。麺の茹での工程やスープとたれを合わせるところ、こだわりを持って調理している様子を見てから食べたほうが、美味しさも増すんじゃないかと思います。

距離感のちがいもありますね。沙羅善では空間にゆとりをもたせているので、客席から厨房はよく見えますが、少し距離があるぶん圧迫感はありません。食べているときに調理場の気配が気になるような距離感ではないんです。せっかくの鎌倉という土地柄、お客様にはゆったりとくつろいでいただきたいと思っています。

逆に、八雲のカウンター席と厨房のようにぴったり接している場合ですりガラスがないと、窮屈に感じてくつろげないと思います。八雲と沙羅善、厨房を見せるか見せないかでは真逆なのですが、どちらのつくりも「お客様のためにはどうしたらいいか」と考えた結果なんです。

八雲はいつでも気軽に行けるラーメン屋ですが、沙羅善は洗練された空間で特別なひときを味わえる店。どちらの店もちがうシチュエーションですが、お客様がくつろぎ楽しめることを一番に考えています。

こだわりにこだわった内装・調度品

沙羅善は立地が北鎌倉という歴史ある地ですから、日本全国はもちろん、海外からもお客様がいらっしゃることを前提に、この古都にふさわしい店にしたいと考えていました。白さが眩《まぶ》しい漆喰壁《しっくいかべ》に屋根瓦《やねがわら》が映える蔵屋敷《くらやしき》のような外観は、鎌倉の街並みによく調和していると思います。屋根瓦は3000枚、重さにして約10tもあるんです。

店舗に入って正面に設《もう》けた神棚は、繊細な彫りが美しいものを選びました。私は信仰としては無宗派なのですが、神仏や縁起物は大事にしていて、神棚は全店舗に設けています。大和店以外はすべてオープン時から、大和店もオープンしてすぐに設けました。商売は浮き沈みもありますし、天災のように自分のがんばりだけではどうしようもない部分もあるので、神様を敬う気持ちを日ごろから忘れないようにしています。私は自分でも強運だと思うのですが、もしかしたら、こうして神棚を祀《まつ》っていることが関係しているかもしれません。実家に神棚はありませんし、特に信仰が強い家庭でもなかったので、私のこの神仏を敬う心は趣味の寺社めぐりの間に自然に育まれたものです。

店内のカウンターは一枚板にこだわりました。日本料理の料亭などはカウンターが格好いいお店が多かったので、カウンターでお店の印象が決まると思ったんです。沙羅善のスペースに合うだけの長さのものとなるとお金がそれなりにかかりますが、それは承知のうえで探しまわり、条件に合う木材があると聞けば、休みの日を使って現地に足を運びました。節のない、気に入るものを探すなかで2ヵ月くらいかけて見つけたのが、いま使っているカウンターです。お値段は２００万円もしましたが、美しい木目を見て一目で気に入りました。ちなみに、沙羅善では天井など目に触れるところはすべて節のない一枚板を使っています。

食器や調度品は、ほぼすべて職人の手仕事によるものです。なかでもこだわったオリジナルデザインの有田焼の麺皿は、梅の木にメジロが1羽とまり、遠くを見上げているもの。私が描いたラフを水彩画の画家さん5人くらいに渡して、描いてもらった中から一番イメージに合うものを選ばせていただきました。

梅は私の苗字「梅澤」から。梅の花の蜜を好む鳥、メジロは私自身を表しています。麺皿のメジロが上を向いているのは、「常に上向きでがんばる」「高みを目指す」という私の意思表明なんです。

つけ麺を提供する際は、メジロの上に竹簀《たけす》を置いて、そのうえに麺を盛っているのでメジロは見えません。Twitterをよく見てくれているお客様はメジロのことをご存じなので、食事のあとに竹簀をどけて写真を撮ってくださっているんですよ。

つけだれを入れる丼もオリジナルデザインで、白地に藍《あい》の波と唐草《からくさ》模様が入っています。私が描いたラフをもとに、職人さんに絵付けして焼いていただきました。

麺皿や丼以外の食器類は、すべて私がインターネットで探したあと、現地に行き、実物を見て決めました。カウンター上のそれぞれの席にひとつずつ置いているお盆は石川県の職人さんの手仕事で、すべて木目がちがうんです。デザインに惹かれて選びました。また、かわいいグラスは「津軽《つがる》びいどろ」という青森県の職人さんによるもの。コースターは欅《けやき》製で栃木県の工芸品。箸《はし》置きは大理石で、これもひとつひとつ柄がちがうんです。箸も工芸品で、太麺を持ちやすいものを選びました。

店に入って左手の奥に飾ってある木の根のオブジェは、何本かの木の根が合わさったもの。旅行中に旅館に似たものが飾ってあるのを見つけて一目惚れしてしまい、旅館の人から作家さんの連絡先を伺って、注文しました。「地に足をつけて生きたい」という想いから店に飾っています。

項目	金額（単位：円）	詳細
物件取得費	3,000,000	北鎌倉駅から徒歩13分。建長寺、鎌倉学園並びの人気物件
食材	600,000	
什器	10,000,000	什器はすべて新品
内装、外装	15,000,000	建て替えはしていないものの、全面的に改装
看板	1,000,000	店舗外壁の看板は八雲本店の看板と同じ木彫り職人に依頼
広告費	0	
雑費	100,000	飲食店営業許可申請の申請料や、ゴミ袋など消耗品の購入費など
予備資金	2,000,000	水道光熱費や家賃など、開店後の運転資金
計	31,700,000	

沙羅善の開業資金内訳

看板などの筆記は、すべて八雲同様に書家の岡西佑奈さんにお願いしました。八雲とは別ブランドなのでほかの方に依頼することも考えはしたのですが、八雲の筆が素晴らしかったので、「今回も岡西さんがいい」と沙羅善も岡西さんにお願いしました。

このようにこだわりつくした結果、什器に1000万円、内装・外装工事に1500万円の費用がかかり、沙羅善の開業資金は３１７０万円に達しました。開業資金の内訳は沙羅善の開業資金内訳の表をご参照ください。

２年半前に出したはじめてのお店、八雲大和店の開業資金は３３０万円でした（84ページ）。沙羅善の開業資金は1桁《けた》ちがいますが、ほかの店舗の経営が好調だったおかげで一切融資を受けずに用意できました。一番多いときで5店舗の経営は大変でしたが、がんばった甲斐がありました。

そうはいっても開業資金が高額になったうえにつけ麺の原価率も高く、正直なところ開業の段階では採算は度外視していました。まずは利益よりも、沙羅善というほかにない新しいラーメン屋を出すことが大事だと考えたんです。

鎌倉は国際的にも人気の高い観光地。海外でのラーメン人気も高まっていますから、沙羅善のように日本の美しさを楽しみつつ最高のつけ麺をフルサービスで味わえる店の需要は高いはず。大金を投資したぶんは、長い目でみれば回収していけると確信していました。ですが……

２０２０年春、新型コロナウイルスの感染が拡大するにつれ、状況は一変しました。

第8章

どんなときも、高く上を見て

新型コロナウイルスの感染拡大、そのときラーメン店は……

2020年3月。新型コロナウイルス感染拡大に伴う物流の混乱を受けて、沙羅善は工事用の資材が届かないという事態に見舞われていました。工事は内装を7割ほどを終えたところで中断。店内にはカウンターもなく、床はコンクリートがむき出しのままでした。

3月末からの日本国内での感染拡大を受け、4月7日には7都府県を対象に緊急事態宣言が発令されました。首相からの外出自粛要請を受けて鎌倉に足を運ぶ観光客はほぼゼロになり、沙羅善のまわりからも人の姿は消えました。

4月オープン予定だった沙羅善は、苦慮《くりょ》の末、仮オープンという形で営業を始めることにしました。閉めたままでは家賃の支払いがかさんでしまい、準備した資金も底をついてしまう。それではせっかくここまで用意してきた店を開業できないまま潰《つぶ》すことにもなりかねませんから、営業して少しでも経費をまかないたいという苦しい判断でした。

カウンターが届かないままだったので、大工さんにお願いしてカウンターと同じサイズの机を突貫《とっかん》でつくっていただき、店を開けました。幸い、熱心なお客様や地元の方などに来ていただけましたが、それでも平常時の想定には遠く及ばない客数でした。

このころ、Twitterで私が「沙羅善を開けます、今日は鎌倉に行きます」とツイートすると、「鎌倉に人を呼ぶな、鎌倉に来るな」という趣旨のリプライが来てしまいました。「鎌倉に新名所を」と勇んで準備してきた新店舗が、感染症によってここまで受け入れられなくなるとは……とショックが大きかったのですが、私は経営者として社員さんの生活を支える責任があります。迷いながらも、店を開け続けました。

東京都にある八雲本店も、客足は途絶えがちでした。

神奈川県大和市にある八雲大和店は、じつは……4月は客足が増えました。外出自粛で遠出ができなくなった地元のご家族が来てくださって、通常時の1・6倍くらいの客足になっていたんです。こんな事態でも足を運んでいただける、地元の方に愛されているというれしさはもちろんありましたが、外出を控えるよう呼びかけられているなかでしたから、素直に喜んでいるわけにもいきませんでした。

私としては、お客様やスタッフの安全を考えれば店を閉めたい、けれど閉めたら家賃や人件費などの経費を払えなくなり、店を続けられなくなってしまう。そして開けていたとしても、平常時並の客足を見込めるのが八雲大和店だけという状況では、とても3店舗分の経費はまかなえない。「開けても地獄、閉めても地獄」でした。

このころは、大事な店を堂々と開けられないこともそうですが、何よりもお客様の気持ち、店に来たくても来られない人のことを考えると、本当に辛かったです。お客様に来てほしくて始めたラーメン屋だというのに、私からも「来てください」とは言えず、もどかしさが募りました。

それでもここまで築いてきた店をあきらめる気はまったくありませんでした。いままで夢を叶えてきたのですから、ここで負けるわけにはいかない。全力でがんばれば、絶対に道は開けるはずだと信じていました。

お客様のこと、店の経費のことをなんとか安全に解決できる方法はないだろうかと、必死に模索する日々。ほかの飲食店では徐々にお持ち帰りやデリバリーサービスが活用され始めていたため、八雲にも導入することを検討しましたが、その場合ラーメンを入れる容器や箸、おしぼりなどを購入する必要があります。そうした包材はロットが多いため、計算してみると意外と利益が出にくいと判明しました。今後の状況次第では導入も考えようとは思いつつ、徒歩圏外のお客様には利用がむずかしいサービスですし、すぐに導入するのはためらわれました。

そんなときに思いついたのが、ネットショップを作成できるサービス「ＢＡＳＥ《ベース》」を使って、前売りお食事券を販売するというアイデアでした。

前売りお食事券でお客様との「助け愛」

外出自粛要請により日本全国で人出が激減するなか、飲食関係ではクラウドファンディングで支援を呼びかけたり、独自のサイトでお食事券を販売したりする動きが出始めていました。そんなときに、手軽にインターネット上にショップを開けるＢＡＳＥの存在を知りました。

「ほとんど経費がかからないんだ。これはいい」

私はさっそく「麺匠八雲期間限定ウェブショップ」をつくり、前売りお食事券の販売を始めてみました。おそらく、ラーメン屋でははじめての試みだったと思います。

使用期限のない前売りお食事券は、２０００円分、５０００円分、１万円分の３種類で、それぞれ販売額は１８００円、４４００円、８６００円とお得に設定しました。さらに、「店に足を運ぶのは無理だけど応援はしたい」という方がいらっしゃる可能性も考えて、

500円を送ることができる「ご支援」も設定しました。

店にとっては、前売りお食事券を購入いただければほとんど経費をかけずにお金が入り、店を維持することができます。お客様にとっては、移動して感染するリスクを負わずに応援したいお店を助けることができますし、外出ができるようになったタイミングでお店に行ってお食事券を使えば、割引分お得に食事を楽しむことができます。

一方的に助けてもらうのではなく双方にとってプラス、win-winの関係で支え合うことができる、「助け愛」。私なりに頭をひねって考えた、当時の私の中ではベストと思えるアイデアでした。

私以外の社員さんたちの人件費だけでも確保しようと考え、80万円を目標額に設定。4月9日、販売をスタートしました。

「80万円、いくかな……1ヵ月くらいはかかるかな？」

そんなふうに思いながら、Twitterの公式アカウントで前売りお食事券の告知をしてみたところ……予想を超えた反応をいただきました。なんと、初日でおよそ45万円ぶんもご購入いただけたのです！

「これからも美味しいラーメンが食べたいので、応援させてください！」

「少しでも力になれたらうれしいです！」

「今度は僕らが助ける番です！」

「がんばってください！」

たくさんのあたたかい励ましの言葉もいただき、本当に、これまでのことがすべて報われる思いでした。２０１７年にはじめてのお店を開いてから始めたTwitter。味づくりについてや店のこと、私のラーメンにかける想いなどを毎日つぶやいて発信してきました。お客様とのコミュニケーションを大切にしようと、いただいたコメントにはなるべくリプライを返していました。

「喜んでもらえて、店に来てもらえたらいいな」

そう思って、忙しいなかでも欠かさず続けていたことでしたが、日々コツコツとお客様との信頼関係を築いてきた成果としていま、お客様が私の呼びかけに共感して、応えてくれている。お客様と私の間に確かな絆があることを感じ、「これに応えるためにも絶対にコロナなんかに負けない」と闘志がわきました。

その後も前売りお食事券の売れ行きは好調で、販売開始から8日経った4月17日には、早くも目標額80万円が目前に迫っていました。「目標額まであとちょっとです」とTwitter

でお知らせしたところ、なんと大勢のお客様が駆け込みで購入してくださって購入額が一気に跳ね上がり、あっという間に目標を大幅に超える120万円に達しました。おかげで、予想していた1ヵ月を待たず、早々にウェブショップを閉めることができました。このBASEでの試みは、日本経済新聞にも取り上げていただきました。

支援してくださった方々のなかには、当時は仕事がお休みになっていた方もいらしたと思いますし、先行きが見えず不安ななか、貯金を切り崩す生活をしている方もいらしたと思うんです。そんななかでも、おひとりで9万円ぶんも購入してくださった方もいて、もう感謝しかありませんでした。

「この感謝の気持ちを少しでもお客様にお届けできるように」と考え、前売りお食事券の発送作業は私がひとりで行いました。1通ずつ心を込めて、住所も名前も手書きしたのですが、支援してくださった方のなかには北海道など遠方の方も多くいらっしゃいました。近隣への外出も極力避けられていた当時、遠方の方はお食事券を買っても使える日がいつになるのかまったくわからなかったはずなのに、それでも買ってくださったんです。

「落ち着いたら必ず行きます」

いただいた応援のコメントを思い出しながら、1通ずつ封筒をポストに投函しました。

「早くお食事券が使われる日が来るといいな、店でお会いしたいな」

４月16日には、緊急事態宣言の対象が全国に拡大したばかり。まったく先が見えない状況でしたが、見上げた空は明るいものでした。

ラーメン界の新女王と呼ばれて

５月１日金曜日、テレビ番組「爆報！ＴＨＥフライデー」で再び私を取材していただいた回が放映されました。まずは２０１９年12月に放映された、私が篠田麻里子さんのサプライズ出演に号泣する回のダイジェストが流れ、その後、鎌倉の新店舗沙羅善の４月当時の様子を私がご案内するパートに。私は資材が届かず床がむき出しの状態の店内や、観光名所鎌倉の中でも建長寺の並びという人気エリアにありながら、誰も外を歩いていない店外の様子などをお伝えしました。

さらに「新型コロナと闘う元アイドル」として、ＭＣの爆笑問題のおふたりからリモートでインタビューしていただきました。前売りお食事券販売や各種助成金の申請など、当時の私の新型コロナウイルス感染拡大への経営者としての対応を太田光《おおたひかる》さん、田中裕二《たなかゆうじ》さんに「たくましい」とうれしい評価をしていただき、私の出演は終了。外出自粛要請の中での放映でしたので、番組の反響は主にインターネットでいただきました。Twitterでもたくさんのあたたかい応援のメッセージをいただき、読もうとしても涙でにじんでしまって読めないくらいでした。

沙羅善は5月から店を閉め、様子を見つつ止まっていた工事を再開。6月にはついにカウンター用の木材が届き、200kgの欅の一枚板を8人がかりで店に運び入れてもらいました。この欅の板を選んだのが2月のことでしたから、店に設置するまでに4ヵ月もかかってしまいました。

沙羅善の正式なオープンは8月と設定して、7月からは仮オープンという形で試験的に店を開け始めました。店を閉めていた間も麺の提供の練習を積み、つけだれの味の調整も重ねていましたが、やはり実際にお客様に食べていただかなければ味の完成はありません。8月のグランドオープンに向けて少しずつ提供していき、お客様の反応を確かめながらさらに味をブラッシュアップしていこうという意気込みでした。

沙羅善は私ともうひとりの社員さん、ふたりだけでフルサービスで料理を提供するスタイルをとっていました。つけ麺は提供に時間がかかるため、11時から15時までの営業時間中に受け入れられるお客様の人数は、最大でも40人くらいでした。

７月は仮オープンという形でしたが、お客様は「待ってました！」とばかりにいらしてくれて、連日ほぼ40人というキャパシティいっぱいにお迎えできていました。朝から行列ができる人気ぶりだったので、お客様にはマスクの着用や手の消毒など感染拡大防止対策への協力をお願いしつつ、「このくらいお客様に来ていただけるなら、今後も店をやっていけそう」と胸をなでおろしていました。

また店にお客様をご案内できるようになってからは、出演した番組について直接感想をいただくことも増えました。

「この前テレビに出てたよね、見たよ」

「テレビで見て、もう少し落ち着いたら行こうとずっと思っていたんだ。やっと来られたよ」

そんなふうに仰《おっしゃ》ってくださる方が、夏を過ぎて秋になっても、１日にひとりかふたりは必ずいらっしゃったんです。こんなに長い間店のことを忘れずに気にしてくださっていた方が、こんなにたくさんいたんだと思うと、感無量でした。いまも店で番組の感想をいただくたびに幸せな気持ちでいっぱいになります。日々最高に美味しい１杯を提供していくことで、この感謝の気持ちをあらわしていきたいと思います。

ちなみにこの番組では、私のことを「ラーメン界の新女王」と紹介していただきました。私はまだまだ「女王」などと称するような位置には達していません。このような称号で呼んでいただいて、恐れ多くてちょっと腰が引けそうになりましたが、期待して取り上げていただけたのは本当にありがたいこと。

女王と呼ばれるにふさわしい存在になれるよう、日々精進いたします！

潤いたっぷり！　ごん太ムチムチの自家製麺

沙羅善の麺は、4月から5月までの仮オープンでは「中華蕎麦とみ田」店主の富田さんにお願いして、中華蕎麦とみ田グループの「心の味食品」に特注した麺を卸していただいていましたが、いずれ八雲同様に自家製麺に切り替える予定でしたので、沙羅善開業準備中の2月くらいから自分でも試作を始めていました。新しい製麺機も購入し、ある程度自分の麺に自信がもてるようになってきたころ、富田さんにも「そろそろ自分でつくってみたら？」と言っていただき、7月中に自家製麺に切り替えました。

沙羅善の自家製麺は、私が独学でつくり出したものです。私のつけ麺の出発点は、中華蕎麦とみ田さんの麺に感動したことですから、まずは中華蕎麦とみ田さんの麺をお手本につくり始めました。

私は麺を食べてみれば、材料の割合や製麺の仕方はほんわかとですがわかります。その感覚、味の印象をもとに試作しては食べてみて、「あっちょっと卵感が出すぎたな」と思ったら卵の量を減らす、といったふうに調整を重ね、中華蕎麦とみ田さんの麺に寄せていくうちに、だんだん自分で思うような麺がつくれるようになっていきました。

材料の小麦粉の種類も、試作を始めたばかりのころは「とみ田さんの麺くらいの色味にするなら、あの小麦粉かな？」などと小麦粉の見当をつけては取り寄せて、実際につくって調整していましたが、次第に沙羅善オリジナルの小麦粉の配合に向かい、私独自の麺を模索するようになっていきました。

小麦粉の種類は、風味や色味を意識しながらかなりの数を試してきました。２月くらいに麺の試作を始めてから、「これなら沙羅善の麺として出せる」と思える麺をつくれるようになるまでには大体５ヵ月はかかりました。

ラーメンの麺とつけ麺の麺は、どちらも基本の材料は小麦粉、かん水、水、塩と共通していて、店によってはさらに卵などを加えています。つけ麺とラーメンの製麺でちがうのは、材料の配合と、麺をどのくらいの太さにするかだけ。だからやっぱり、どんな小麦粉を何種類使うかなどの材料の配合の割合、レシピが製麺の要《かなめ》なんです。5ヵ月の大半はこれを決めるのに費やしたので、レシピは本当に誰にも明かせない宝物です。

沙羅善の麺はやわらかくムチムチとした食感と、素材の小麦自体がもつ甘さや風味を楽しめる麺に仕上げています。また、八雲の麺は中太で、麺をすったときに旨味を強く感じられる絶妙な太さにこだわりましたが、沙羅善の麺は極太で、見た目はラーメンというよりもうどんのよう。麺自体の旨味が強いので、何もつけずにそのまま食べても美味しいんです。

こうしてつくった麺を、茹での工程でのひと工夫によってハリとツヤのある、潤いたっぷりの麺としてお出ししています。

また、沙羅善で出している麺は、麺皿に盛り付ける際の折りたたみの美しさに注目していただけたらうれしいです。

八雲の麺は、「完成した」と思えるまでには開業してから2年くらいかかりました。

ただ、1度「完成した!」と思っても、あとから「ここを変えたらもっとよくなるかも」と調整を加えて変えていくのが常。八雲の麺も沙羅善の麺も、まったく手を加えなくなる「完全な完成」を迎えることはおそらくありません。いつもそのときそのときの最高を目指すのが私のラーメンです。

幻の小麦、農林61号との出会い

沙羅善で使っている小麦粉には、「農林《のうりん》61号」という、希少《きしょう》な小麦をブレンドしています。農林61号は、１９４４年に育成された品種で、育成から半世紀以上にわたって日本各地で盛んに生産され、主にうどんの材料として戦後の日本の食を支えてきました。２０１０年から収穫量が多く病気にも強い新品種への転換が急速に進み、２０２０年現在ではごくわずかな量しか生産されていません。

沙羅善の麺づくりのために小麦粉についていろいろと調べた中でも、農林61号にはほかの小麦粉にはない魅力を感じました。いまはほとんど生産されなくなったため「幻の小麦」と呼ばれていること。独特の香りや風味が好まれていて、「農林61号を使いたい」という声が絶えないことから、限られた農家さんで生産が続けられていること。情報自体が少なかったのですが、「一体どんな小麦粉なんだろう、これを使った麺を食べてみたい」と気になりました。

なんとか試作用に、農林61号小麦の皮を挽《ひ》いた粉を手に入れました。小麦の皮の部分は香りが強く栄養価も高いのですが、一粒の小麦のうち皮が占める割合はわずかなので、ふつうの小麦粉よりもさらに希少なんです。この小麦粉を配合して麺を試作してみると、確かに独特の香りのよさがありました。麺に使うためにいろいろと試してみた小麦粉の中でも、麺を食べたあとに香りが鼻に抜ける感じが一番美味しいと感じたんです。

「沙羅善の麺には、農林61号を使いたい！」

さっそく農林61号を扱っている製粉会社、前田食品さんにお願いしましたが……断られてしまいました。

「農林61号は、農家さんに頼みこんでなんとか生産を続けてもらっている状態なんです。これ以上生産量は増やせませんから、新規の注文は受け付けられません」

がっかりしましたが、なんとその後、前田食品さんから改めてオファーをいただけました。

担当の方が沙羅善について調べてくださり、社内会議を開いて特別に認めてくださったそうなんです。沙羅善はフルサービスを提供しているため1日に出せる杯数が一般的なラーメン屋よりも少なく、1日に必要な農林61号の量も決まっています。それが製粉会社さんで出せる量に収まっていたようで、「この量ならなんとか」と注文を受けることが決まったということでした。

こうして「幻の小麦」農林61号の小麦粉を使うことで、ほかでは味わえない、沙羅善ならではの香ばしい麺をつくることができるようになりました。

沙羅善、ついにグランドオープン

8月21日、ついに「中華蕎麦　沙羅善」が通常営業を開始しました。本来予定していた4月から、4ヵ月遅れてのグランドオープンでした。

鎌倉に観光客が少しずつ戻り始めていたタイミングでしたが、それでも例年に比べれば街は閑散とした様子。沙羅善のすぐ並びにある建長寺の前にはかつては観光バスが何台も止まり、乗り降りするツアー客の姿を多く見かけたものでしたが、２０２０年4月以降はそれもほぼ見られなくなっていました。

そんななかでも、沙羅善にはお客様が足を運んでくださり、連日行列ができました。まばらにしか歩いていない観光客の方が、行列を見て「どんなお店か気になるね、ここでお昼を食べて行こうよ」と並んでくださるなど、新型コロナウイルス感染拡大後に観光地の飲食店が置かれている状況を考えれば大成功といっていい繁盛ぶりです。並んでくださるお客様には手の消毒などをお願いしたり、せめてもの暑さ対策として日傘をお渡ししたりするなど、4月ごろの先行きがまったくわからなかったころを思い出しては、晴れて店を開ける喜びを噛みしめながら営業することができました。

沙羅善では、私がお客様をおもてなししたいので、店頭でのご案内から食事の提供、お会計までの接客をすべて担当。つけ麺を提供する際は、美味しく召し上がっていただくためのご案内までをしています。

「まずは麺に何もつけずに召し上がって、麺そのものの味をお楽しみください。次に塩、スダチをつけて召し上がってみてください。つけだれは味が濃いので、そのあとにどうぞ」

先につけだれを口にしてしまうと、麺だけを食べたときの小麦の味がわかりづらくなってしまいますから、段階をふんで召し上がっていただくのが麺を楽しむポイントなんです。

帰りがけのお会計の際には、お客様から感想をいただくことが多いのですが、特に麺に関してはよく「感動した」と言っていただけて、手応えを感じています。

「いままで食べた料理の中で一番美味しかったです」

「麺が美味しくて感動しました！　塩をつけるとまた麺の美味しさが引き立って、うっかり塩だけで全部食べきっちゃうところでした」

「お店の雰囲気が素晴らしくてつけ麺も美味しくて、最高でした」

私は接客全般のほか、つけだれとトッピングの調理、ドリンクを担当しています。つけ麺は麺が命ですから、ひとりが集中してできるように、茹でから折りたたみまでをすべてひとりの社員さんに任せています。

麺の技術は私が身につけたものを教えましたが、教え始めたころは「できなさすぎて、へこみますね……」とかなり大変そうでした。八雲の麺についてはすべての技術を習得済みの社員さんなのですが、つけ麺の茹でから折りたたみを習得するのはやはり段ちがいにむずかしかったようです。

つけだれの味についても、お客様からは「濃厚なのに後味がスッキリしている」と好評をいただいています。そんななかでも、八雲のころからよく通ってくださっている常連の方は私がほぼ毎日味を調整しているのをご存じなので、お会計のときに「今日は前よりちょっと甘めだったね」などと正直な感想を言ってくださるんです。

「正直ちょっと前のしょっぱめのほうが好みかな、でも今日のも美味しかったよ」といったふうに教えてくださるので、参考にしながらいまも味のバランスをまとめています。大筋では4月の仮オープンのときと大きく変えていないのですが、塩味や甘味、酸味のバランスが一番よくなるように、ごく微妙な塩梅《あんばい》を毎日探っています。

つけだれにのせているお麩《ふ》は、手毬《てまり》や梅、紅葉《もみじ》など、季節に合ったモチーフのものを選んでいます。つけだれの丼は白地に藍色、つけだれの色は茶色なので、何かひとつ暖色のトッピングを入れてポイントにしたいと思ったんです。明るい色の生麩を入れるだけでも女性らしさやかわいらしさが出せますし、おそらくほかのつけ麺屋さんでは生麩は入れていないので、沙羅善らしさ、私らしさも出せているかなと思います。

名店の証、専用粉

「沙羅善さんブランドで、専用粉はいかがですか？」

沙羅善グランドオープンから1ヵ月ほど経ったある日、複数の製粉会社さんからご提案いただきました。沙羅善では、「農林61号」など私が選んだ国産の小麦粉を数種類、製粉会社さんに注文して、届いたものを私のレシピの配分で混ぜていました。「沙羅善専用粉」ができるということはつまり、沙羅善の麺用の小麦粉配合レシピを私から製粉会社さんに伝え、製粉会社さんが「沙羅善専用粉」の名前で製造するということです。

沙羅善専用粉が製麺所などに販売されれば沙羅善にも利益になるうえに、「専用粉を出せるくらい、ブランドとして価値がある」と認めていただけたわけですから、本当にありがたいお話です。

店名を冠した専用粉があるラーメン屋さんというと、それこそ支那そばやさんや中華蕎麦とみ田さんくらいの「超名店」しか思いつきません。八雲を開いてから3年、沙羅善はまだグランドオープンしたばかりで、想像もしていなかった夢のような展開でしたが、ありがたく、お付き合いをしている前田食品さんにお願いすることにしました。

これからは沙羅善専用粉でつくった麺を皆様にご提供できるのですから、このうえない名誉です。

しかも、いまもうひとつ、始めた試みがあるんです。それは、９０００年前からある小麦の先祖である「スペルト小麦」という、香ばしさが特徴の希少な古代小麦を専用粉にブレンドすること。この小麦をラーメン屋で使っているお店もなかなかないんです。２０２０年12月には、種植えに参加させていただきました。２０２１年の秋に収穫予定なので、そこでよりパワーアップした麺をご提供できると思います。

完成のない最高の１杯を

沙羅善の客足は、おかげさまでいまも絶好調です。現在ではお客様を長時間お待たせするのが申し訳ないくらいにお越しいただけているので、予約システムを導入するなど、店としてよりよいサービスを提供できるよう日々試行錯誤しています。

ただ、開業前は海外からの観光客も見込んでいたので、当分は海外からの観光客の方には来ていただけそうにないのが残念です。沙羅善では、海外からいらしたお客様にも日本のよさ、美しさを味わってもらえたらなと思っていたんです。いずれはそれが叶うことを願っています。

多店舗展開はいまはもう考えていません。いまある店舗、八雲2店と沙羅善のあわせて3店舗が、信頼できる社員さんたちと力を合わせて質のいいサービスを提供できるちょうどいい数だと思うので、いまの店を大切に育てて、いまよりももっとお客様から愛される店、愛される味にしていきたいです。

いずれはいま来てくださるお客様の子どもの代、孫の代まで愛される味になってほしい。尊敬する佐野実さんの「支那そばや」さんや、富田治さんの「中華蕎麦とみ田」さんのように、店の名前を聞けば皆が「ああ、あそこ！　美味しいよね、私も好き」と言うような、そんなお店に育てていきたいです。

「八雲」「沙羅善」の名前と「美味しいラーメン」がイコールになって、お店に行けばいつもお客様でにぎわっている。それが私の理想です。

いまはほかの人には大切なレシピを教えたくはありませんが、そうは言っても「子や孫の代まで愛されるラーメン」を目指すとなると、いずれは私も体力の限界を感じるようになることでしょう。そうなる前に後継者を育てるなど、味を引き継ぐことも考えなければいけないのかなと思います。ラーメンの仕事はかなりハードワークなので、体を壊す方も多いですから。

八雲開業時からずっと「麺とたれの仕込みは私がひとりでやる」という方針を貫いていましたが、製麺については肝になる材料の配合以外は社員さんにも教えて、仕込みを少しずつ分担することも検討しています。

でもいまはまだ、自分で味づくりをしたいですし、おばあちゃんになってもラーメンをつくっていたいと思っています。

毎日「今日もがんばった。明日は今日よりももっとよくしよう」と思って精進しています。今日より明日、明日より明後日と毎日成長を続けていけば、いつも上に進んでいけるし、うまくいかないことがあっても、また次の日に上を向けばいい。「これで完成」という1杯を目指すのではなく、その日の最高の1杯を出して、次の日はもっと美味しい1杯をお出ししたい。

私がここまでお店をやってこられたのもお客様や、支えてくれたスタッフさんたち、家族や出会った方々のおかげです。これからも日々感謝を忘れず、最高の1杯をつくっていきたいと思います。

すべてはお客様からの「美味しかったよ」の一言のために！

エピローグ

「いろいろな人に私のラーメンを食べてほしい」

そう思って20歳のときにラーメン屋を開いてから、本当にたくさんの方に私のラーメンを食べていただきました。いまも毎日夢が叶っていて、これからももっと私のラーメンを食べてくれる人は増え続けるんだなと思うと、ラーメン屋をやってよかったなとしみじみ思いますし、もっともっとたくさんの人に食べていただけるように、美味しいラーメンをつくり続けていきたいと思っています。

子どものころから大好きだったラーメンですが、いまではもっと好きになりました。日に日に「好きだな」と思えていて、こんなに好きなラーメンを毎日つくることができて、お客様には喜んでもらえているのが何より、幸せです。

アイドル活動のかたわらラーメンづくりを始めたときは、「ラーメン沼にハマっちゃった」なんて思っていましたが、あのときはまさかこんなに深く深くハマり続けることになるとは思ってもいませんでした。

八雲について、この本の中では「八雲の味はほぼ完成した」と書きましたが、その後また改良を加え、味噌だれと麺をさらに進化させました。大筋の味は変えていないのですが、前よりもさらに美味しくなった新しい八雲の味をぜひ召し上がっていただきたいです。

また、材料よりもまずは道具派な私、福井県にある高村刃物製作所さんに、食材の繊維を壊さずに切ることができる切れ味の素晴らしい包丁をフルオーダーで2本、つくっていただきました。高村刃物製作所さんといえば、全世界の有名シェフも愛用するような包丁をつくられていることで有名です。切った肉の断面はより美しく、またネギなどは香りが鮮やかになります。こんなふうに、道具とともに成長し、上を目指そうと思えばいくらでも目指せる。もっともっと、前進し続けたいと思います。

もちろん、材料もよりよいものを日々探しています。最近仕入れ始めたのは、山形県酒田市にある平田牧場《ひらたぼくじょう》さんの幻の豚「金華豚《きんかとん》」。ほかの豚とは何ランクも旨味、甘味がちがいます。ちなみに、年間を通して金華豚を仕入れて使用するのは、ラーメン屋では沙羅善が初。しかも肉だけではなくガラも使っていますので、まさにオール金華豚。スープやチャーシューで存分にご堪能いただけます。
沙羅善では、専用粉を使った麺を日々提供していますし、もちろん味も毎日調整を重ねています。いずれ奥の部屋もオープンして、お客様には1階のカウンター席とはまたちがった空間で料理を楽しんでいただきたいと思っていますし、ほかにもいろいろと新しい展開の準備も進めています。

まず、２０２０年秋から、食前には麺を揚げたかりんとうとぶどうジュースをお出しすることにしました。これらを味わいつつ、メインに期待を高めてお待ちいただけたらと思っています。

そして２０２１年の春から、沙羅善の麺にそば粉を練り込んだお蕎麦《そば》を提供したいと考えています。お店の周囲でお食事処を探している方たちに、少しでも沙羅善の味に触れていただけたらうれしいです。

店内の装飾品も、日々素敵なものを探しています。最近お店に迎えたものとしては、たとえば人間国宝・伊《い》藤赤水《とうせきすい》さんの美しい器。またこれから沙羅善に飾るものとしては、木彫家の岩崎努《いわさきつとむ》さんの作品を発注しています。ラーメンを食べるという体験を「五感で」より楽しんでいただけるよう、そして何回来てもつど新しい発見があるよう、これからもブラッシュアップを重ねていきたいと思います。

また、2021年5月ごろから、宮城県にあるマルニ食品さんとの共同開発により、八雲と沙羅善に近い味をご自宅でお楽しみいただける、お土産用の商品も発売されます。このお土産をきっかけに、店に足を運んでくださるお客様が増えたらいいなと思っています。

こうした展開をすることを、八雲開店前から支えてくれている坂井さんと尾崎さんに、心からの感謝を。本当はもっと個人が特定できないように、「長く働いてくれている社員さん」くらいにぼやかしたかったのですが、ふたりの存在が私にとってはあまりに大きすぎて、本の随所に登場してもらわざるをえませんでした。

私が受けた誹謗中傷の中には「梅澤愛優香のバックには闇の存在がいる」というものがありましたが、「私のバックにいる存在」にあえて当てはめるとしたらこのふたりです。が、ふたりはいつも突っ走る私に振り回されながらも、しっかり仕事をしてサポートしてくれる光の存在です。

ふたり以外の社員さんたちにも、感謝を伝えたいです。この本の中では厳しいことも書いてしまいましたが、いつも店を守ってくれることを本当にありがたく思っています。

そしていつも私をあたたかく見守ってくださる佐野しおりさん。

２０２０年秋には、佐野実さんが愛した小麦「春よ恋」を沙羅善専用粉とブレンドした麺を11月限定で沙羅善で提供できました。今後も末長く、公私にわたってよいお付き合いを続けさせてもらえたらうれしいです。

また、中華蕎麦とみ田店主の富田治さんには、本当にお世話になりました。沙羅善開店は、富田さんとの出会いなしにはあり得ませんでしたし、富田さんのつけ麺のような感動を生む1杯を私も提供したいという想いがいまの沙羅善を支えています。いつもたくさんの学びを与えてくださってありがとうございます。ラーメン界に新しい風を起こして富田さんの期待に応えられるよう、がんばります！

この本の中ではご紹介できなかったのですが、仙台の超人気ラーメン店「五福星《ウーフーシン》」の店主である早坂雅晶《はやさかまさあき》さんには、栄養価まで意識した材料選びや使い方などの知識をたくさん教えていただきました。早坂さんとの出会いは、「食を提供する」ということに関して、私の意識をひとつ高い段階へ向かわせてくださいました。「知識を次世代につなげたい」という早坂さんの想い、しっかり受け取って、精進したいと思います。親方、いつも気にかけてくださって、ありがとうございます！

家族のみんなには、いつも心配をかけてしまってごめんなさい。でも、みんなが小さなころから私に言ってくれたとおり、好きなことを好きなようにやらせてもらった結果、いま私はこんなに充実していて、自分の道を歩めています。またお店にラーメンを食べに来てくださいね！

最後に、私のラーメンを食べてくださるすべてのお客様に心からの感謝をお伝えします。皆さんに私のラーメンを食べてほしいという気持ちだけで、ここまで来ることができました。

コロナ禍が続き、飲食店の売り上げが急激に落ち込んだいま、ラーメン屋が置かれている状況も厳しいものがあります。２０２０年1～12月に倒産したラーメン屋の件数は46件にのぼり、過去20年で最も厳しい数字となりました。大手チェーン店による店舗閉鎖のニュースも相次いでいます。

そんななかでも八雲や沙羅善に足を運んでくださるお客様がいるから、私はいまも店を開けることができています。

これからも日々精進いたしますので、ぜひ食べにいらしてくださいね。

目線は高く、上を向いて。

「前に食べたときよりも、美味しいね」

そう言っていただけるように、今日もがんばります！

そして私に関わるすべての人へ、心から〝ありがとう〟

著者略歴

１９９６年、神奈川県大和市に生まれる。高校3年生のときにバイトＡＫＢのオーディションに合格、約半年、アイドルとして活動する。一方で、惣菜調理のバイトをしつつ、独学でラーメンづくりを研究。バイトＡＫＢの契約終了後にさらに精を出し、２０１７年9月23日、神奈川県大和市の高座渋谷にラーメン屋「八雲」をオープン。順調に客足を伸ばし、２０１８年には店名を「麺匠八雲」とし、同年10月17日には東京都葛飾区の堀切菖蒲園に「麺匠八雲本店」を開店、東京進出を果たす。２０１９年にセカンドブランド「煌龍軒」を神奈川県相模原市、東京都大田区の大森に立ち上げ、また誹謗中傷への対抗策として「味のとらや」を横浜市南区の蒔田に開く。その後、つけ麺の魅力に取りつかれ、２０２０年、神奈川県鎌倉市の北鎌倉につけ麺屋「中華蕎麦沙羅善」をオープン。現在は麺匠八雲2店と沙羅善の計3店を経営している。

Twitter
https://twitter.com/MAYUKA_YAGUMO

ラーメン女王《じょおう》への道《みち》

——アイドルから店主《てんしゅ》への創業奮闘記《そうぎょうふんとうき》

二〇二一年四月九日　第一刷発行

著者　梅澤《うめざわ》愛《ま》優《ゆ》香《か》
発行者　古屋信吾
発行所　株式会社さくら舎　http://www.sakurasha.com
東京都千代田区富士見一-二-一一　〒一〇二-〇〇七一
電話　営業　〇三-五二一一-六五三三　FAX　〇三-五二一一-六四八一
編集　〇三-五二一一-六四八〇
振替　〇〇一九〇-八-四〇二〇六〇

装丁　アルビレオ
写真　藤里一郎
イラスト　鳴見《なるみ》なる
印刷・製本　中央精版印刷株式会社

©2021 Umezawa Mayuka Printed in Japan
ISBN978-4-86581-289-3

本書の全部または一部の複写・複製・転訳載および磁気または光記録媒体への入力等を禁じます。これらの許諾については小社までご照会ください。

落丁本・乱丁本は購入書店名を明記のうえ、小社にお送りください。送料は小社負担にてお取り替えいたします。なお、この本の内容についてのお問い合わせは編集部あてにお願いいたします。

定価はカバーに表示してあります。

さくら舎の好評既刊

藤本シゲユキ

幸福のための人間のレベル論

「気づいた」人から幸せになれる!

「そんなキレイ事に縛られてるから、いつまで経っても生きづらさが消えへんねん」。人気恋愛カウンセラーによる、独自の人間考察本！

1400円(＋税)

定価は変更することがあります。